100 Jahre Thalia
100 Jahre wach

„Die vorliegende Publikation ist allen Menschen gewidmet, die sich für das Lesen, Geschichten und für Bücher leidenschaftlich einsetzen.“

100 Jahre Thalia
100 Jahre wach

Ein Jahrhundert Buchhandelsgeschichte

HERDER

FREIBURG · BASEL · WIEN

Inhalt

Vorwort

Am 6. November 2019 beging Thalia seine 100-jährige Geschichte mit einem Fest in der Elbphilharmonie. Was damals niemand ahnen konnte: Es standen zwei der herausfordernsten Jahre der Unternehmensgeschichte bevor. Trotz der schon geschriebenen umfangreichen Geschichte würde ein Rückblick auf 100 Jahre zu kurz greifen. Die Jahre 2020 und 2021 sind ein wesentlicher Bestandteil der Thalia Geschichte. Denn mit ihnen sind maßgebende Entwicklungen verbunden, die die Zukunft von Thalia prägen werden. Das Unternehmen nutzte die Krise – die Coronapandemie und die damit verbundenen erheblichen Einschränkungen des Wirtschaftslebens – für weitreichende Weichenstellungen, um die Wettbewerbsfähigkeit gegenüber dem internationalen Internethandel zu erhöhen. Die Krise wurde zur Stimulanz für Innovationen.

Danksagung

Jürgen Könnecke hat zum Entstehen dieser Publikation sehr viel beigetragen und die Recherchen, auf denen die vorliegende Darstellung beruht, intensiv begleitet. Als wichtiger Zeitzeuge hat er die Redaktion beraten und tatkräftig unterstützt. Dafür sei ihm herzlich gedankt!

Ebenso gilt ein herzlicher Dank den Mitarbeiterinnen und Mitarbeitern: Ohne ihr Engagement, ihre Liebe zur Literatur, ihre Begeisterung für das Lesen wäre der Erfolg von Thalia nicht möglich.

Michael Busch
Geschäftsführender Gesellschafter | CEO

Vorbemerkung

Zu seinem 100. Geburtstag ist Thalia das größte Buchhandelsunternehmen Europas: mit 371 Buchhandlungen im gesamten deutschsprachigen Raum. Ihren Anfang nahm die Firmengeschichte im Jahr 1919 in Hamburg – dort begann sie wenige Monate nach dem Ende des Ersten Weltkriegs mit nur einem Ladengeschäft. Zwei unterschiedliche Unternehmenslinien sind für diese Geschichte von Bedeutung:

Im August 1919 gründete Alfred Schulze eine Sortimentsbuchhandlung im Gebäude des Thalia Theaters in Hamburg. Diese Buchhandlung wurde 1931 in sehr schlechtem Zustand von dem jungen Sortimentsbuchhändler Erich Könnecke übernommen, der sich mit ihr selbstständig machte. In nur wenigen Jahren baute er die Buchhandlung wieder auf. Sein Sohn Jürgen erweiterte sie später.

Die zweite firmengeschichtliche Linie ist das in Hagen ansässige Buchhandelsunternehmen Phönix-Montanus, das in der zweiten Hälfte der 1990er Jahre entstand. 2001 gaben die Unternehmen Thalia und Phönix-Montanus ihren Zusammenschluss unter dem Namen Thalia Holding GmbH bekannt. Dieser Zusammenschluss markiert einen zentralen Entwicklungspunkt der jüngeren Thalia Firmengeschichte. In den folgenden Jahren kamen zahlreiche, von engagierten Persönlichkeiten geprägte Buchhandlungen hinzu: regionale Unternehmen im gesamten deutschsprachigen Raum, die besondere Akzente gesetzt haben.

Von dieser Firmengeschichte wird hier in chronologischer Reihenfolge berichtet.

Die Welt rennt.
Und wir folgen ihr blind.
Posten, liken, sharen.
Pressen Gefühle in 280 Zeichen.
Immer online. Immer schneller.
Immer an der Oberfläche.

Wir füllen unseren Geist
mit hoch dosierten Nichtigkeiten.
Und werden langsam müde.

Verlieren wir nicht den Kopf!
Geben wir ihm zu staunen, träumen, rätseln, wundern.
Und geben wir ihm von allem nur das Beste.
Es ist das Beste für uns alle.

Welt, bleib wach.

TEIL 1

ANFANGEN

Mehr als Theater

Gründung im Hamburger Thalia Theater

Am 15. August 1919 eröffnete Alfred Schulze im Gebäude des Hamburger Thalia Theaters eine Buchhandlung. Er war dem Theater, der Musik und der Kunst sehr verbunden, vor allem den schönen Künsten widmete sich sein Sortiment. Er halte „sämtliche Theatertexte für Oper, Operette, Schauspiel und Rundfunk vorrätig", warb er 1927 in einer Anzeige.[1] Als „Theaterbuchhandlung" kann man die junge Thalia Buchhandlung dennoch nicht bezeichnen. Sie war vielmehr eine allgemeine Sortimentsbuchhandlung mit starken thematischen Schwerpunkten, die sich an dem Theaterumfeld orientierte.[2]

Während die Buchhandlung 1919 neu startete, hatte das 1843 als Privatunternehmung gegründete Thalia Theater längst seinen festen Platz im Hamburger Kulturleben. 1912 begann in dem imposanten Neubau am Pferdemarkt – heute der Gerhart-Hauptmann-Platz – eine neue Ära für das Theater. Direkt gegenüber dem alten Standort wurde ein neues Theatergebäude mit Platz für weit über tausend Besucher errichtet. Um den wertvollen Bauplatz mitten in der Hamburger Innenstadt wirtschaftlich optimal auszunutzen, planten die Betreiber des Theaters in einem abgetrennten Streifen des Grundstücks einen Gebäudeflügel, der im Erdgeschoss mit Ladenlokalen und Restaurants, in den oberen Geschossen mit Arbeitsräumen belegt wurde.[3] In diesen Teil des Theatergebäudes, gelegen an der frequenzstarken Ecke Alstertor–Pferdemarkt, zog Alfred Schulze mit seiner Buchhandlung ein.[4] Er nannte sie wie das Theater nach der

Gründerstolz vor dem eigenen Geschäft: In der Mitte Alfred Schulze, der erste Inhaber der auf Theaterliteratur spezialisierten Buchhandlung

griechischen Muse Thalia. Sie sollte Literatur- und Kulturbegeisterte anziehen.

Auch wenn die moderne junge Literatur in der Weimarer Republik mit Autoren wie Thomas Mann, Alfred Döblin und Kurt Tucholsky, Irmgard Keun und Marieluise Fleißer oder auch Vicky Baum eine Blütezeit erlebte, waren die Zeiten für den Buchhandel schwer. Vor allem die rasant steigende Inflation, die 1923 ihren Höhepunkt erreichte, behinderte den Buchhandel massiv.[5] Die meisten Menschen waren froh, wenn sie Lebensmittel und Heizmaterial kaufen konnten, für Bücher hatten sie kaum Geld. Trotzdem widmete Alfred Schulze anlässlich der Hamburger Schriftsteller- und Buchwoche im November 1924 ein Schaufenster der Niederdeutschen Bühne und wurde von der Tageszeitung Hamburger Fremdenblatt für diesen „originellen Einfall" gelobt. In der Mitte des Schaufensters war ein Bühnenbildmodell von Otto Larsen mit dem ersten Akt von Hermann Boßdorfs „Fähr- kroog" zu sehen.[6]

Mit dem Beginn der Weltwirtschaftskrise 1929 gerieten große und kleine Unternehmen in schwere Bedrängnis. Die Arbeitslosigkeit in der Weimarer Republik stieg rapide an. Auch Alfred Schulze stand 1931 vor dem Konkurs – und war bereits seit längerer Zeit als schlechter Zahler in der Bran- che bekannt.[7] Die Buchbestände und das gesamte Ladenin- ventar waren verpfändet.[8]

Ein vielversprechender Neubeginn

Erich Könnecke, 1904 in Hamburg als Sohn eines Kaufmanns geboren, arbeitete zu dieser Zeit als Erster Gehilfe in der Buchhandlung A. Blencke & Co. am exklusiven Neuen Wall. Bei Blencke kauften die Reeder, Bankiers und Großkaufleute ihre Bücher, gerne Sonderausgaben „in Leder mit Goldschnitt".[9] Erich Könnecke hatte zu diesem Zeitpunkt bereits einige Stationen im Hamburger Buchhandel durchlaufen. Nach seiner Zeit bei der Buchhandlung Eduard Lanzenberger arbeitete er zunächst in der Buchhandlung Geschw. Deinet, danach zweieinhalb Jahre als Herstellungs- und Vertriebsleiter bei der Hanseatischen Verlagsanstalt. 1925 kam er als Erster Gehilfe zu Lanzenberger zurück.[10] 1930 heiratete er Annemarie Dössel. Vor dem Wechsel zu Blencke & Co. attestierte Lanzenberger ihm 1930 wohlwollend „literarisches Urteil, gewandtes Benehmen, das ihm die Sympathie der Kundschaft einbrachte, dazu besondere Fähigkeit für den Einkauf".[11]

Als Erich Könnecke sich bald darauf als Buchhändler selbstständig machen wollte, wies ihn sein Chef Alfred Blencke darauf hin, dass die Thalia Buchhandlung zum Verkauf stand. Der Preis dürfte angesichts des schlechten wirtschaftlichen Zustands des Geschäfts nicht allzu hoch gewesen sein. Vermutlich kam das Geld von der Familie seiner Frau, die in Hamburg das renommierte Schreibwarengeschäft Dössel & Rademacher betrieb.[12]

„Mit ein paar Büromöbeln und einigen unverkäuflichen Ladenhütern stürzt sich Könnecke furchtlos ins Geschäft", be-

Portraitfoto von Erich Könnecke aus den 1930er Jahren

richtete Erich Könnecke anlässlich seines 75. Geburtstags 1979 dem Journalisten Eberhard von Wiese vom Hamburger Abendblatt.[13]

Die Neueröffnung machte Erich Könnecke in einer Anzeige im Leipziger Börsenblatt bekannt: Er habe am 1. August 1931 von dem bisherigen Inhaber Alfred Schulze die Firma „käuflich – ohne Außenstände und Verbindlichkeiten – erworben". Er werde „das bekannte, eingeführte Sortimentsgeschäft auf guter geldlicher Grundlage weiterführen und einem neuen gedeihlichen Aufschwunge zuzuführen bemüht sein". Zur Beruhigung der Verlage verwies er auf seine „langjährigen beruflichen Erfahrungen" und bat um Vertrauen.

Allerdings waren Bücher in der Weltwirtschaftskrise wie zuvor in der Inflationszeit für viele Menschen ein kaum bezahlbarer Luxus, sodass Könnecke verstärkt auf preiswerte Ware setzte. „Um der augenblicklichen Wirtschaftslage Rechnung zu tragen, finden Sie bei mir stets sämtliche billigen Volksausgaben", schrieb er seinen Kunden. Er werde auch preiswerte broschierte Bücher anbieten, um „allen Anforderungen, die an eine großstädtische Buchhandlung gestellt werden, zu entsprechen".[14]

Zudem drängten neue Anbieter in den Markt, denn auch die Warenhäuser verkauften inzwischen Bücher, und die ersten Buchgemeinschaften boten preisgünstige Ausgaben an.[15] Aber Erich Könnecke war ein engagierter Buchhändler

Buchhandlung Lanzenberger, 1924. Hier absolvierte Erich Könnecke seine Ausbildung zum Buchhändler.

und ein guter Organisator, der selbst mit anpackte, der Menschen begeistern und für sich einnehmen konnte.

„Darf ich Ihr verantwortungsbewußter Berater sein und Sie demnächst bei mir begrüßen?", fragte er seine Kunden.[16] Gemeinsam mit seiner Ehefrau Annemarie und einem Auszubildenden gewann Erich Könnecke Vertrauen und fand Stammkunden. „Ein aufstrebendes Unternehmen rechnet mit gleichgesinnten Menschen", überschrieb er eine Anzeige in der Hamburger Theater-Woche vom 21. Januar 1933. Darin wird besonders hervorgehoben, dass die Buchhandlung nun „seit einem Jahr unter neuer Leitung" stehe[17] – tatsächlich waren es knapp anderthalb Jahre. Besonders stolz machte

Anzeige im Leipziger Börsenblatt zur Neueröffnung im August 1931

es ihn, wenn Künstler des Thalia Theaters bei ihm einkauften. „Viele waren bei mir verschuldet", erzählte er rückblickend.[18] Erich Ziegel, seit 1932 Leiter des Theaters, zählte ebenso zu seinen Kunden wie der Komödienautor Curt Goetz oder die Schauspieler Fritzi Massary und Fritz Kortner.[19]

Rechtzeitig vor dem Weihnachtsgeschäft 1935 eröffnete die Thalia Buchhandlung eine „Spezialabteilung für Kinderbücher im neu eröffneten 1. Stockwerk", wie es in einer Zeitungsannonce hieß.[20] Das zeigt den Aufschwung des Unternehmens innerhalb weniger Jahre und weist zugleich auf neue Sortimente der Buchhandlung hin, die nun ausdrücklich auch für junge Hamburger Familien attraktiv sein wollte.

Überleben im Nationalsozialismus

Die Umstände waren dennoch schwierig. Seitdem die Nationalsozialisten im Januar 1933 die Macht übernommen hatten, beobachteten sie den Buchhandel argwöhnisch und registrierten genau, welche Bücher Erich Könnecke und seine Kollegen anboten und in ihre Schaufenster stellten. Als Höhepunkt der sogenannten „Aktion wider den undeutschen Geist" inszenierten die Nationalsozialisten im Mai 1933 in zahlreichen Städten öffentliche Bücherverbrennungen missliebiger Autoren. Die erste Bücherverbrennung in Hamburg fand am 13. Mai 1933 am Kaiser-Friedrich-Ufer statt. Die zweite Verbrennung – am 30. Mai 1933 am Lübeckertor-Feld – ereignete sich nur zwei Kilometer Luftlinie vom Thalia Theater und der Thalia Buchhandlung entfernt. Das Reichskulturkammergesetz regelte am 22. September 1933 offiziell, welche Bücher erwünscht waren und welche nicht. Zu den missliebigen Autoren gehörten Bert Brecht, Lion Feuchtwanger, Alfred Kerr, Heinrich Heine, Heinrich und Klaus Mann oder Kurt Tucholsky. Ihre Werke mussten aus Buchhandlungen und Büchereien sowie den Verlagsprogrammen verbannt werden.[21] Erich Kästner schrieb: „Es ist ein merkwürdiges Gefühl, ein verbotener Schriftsteller zu sein und seine Bücher nie mehr in den Regalen und Schaufenstern der Buchläden zu sehen. In keiner Stadt des Vaterlands."

Buchhändler hatten schwere Entscheidungen zu treffen, erinnerte sich Erich Könnecke: Der Grat zwischen erlaubter und verbotener Literatur sei schmal gewesen.[22] Buchhändlern, die „volksschädliches Schrifttum" vertrieben, wie es im Oktober 1934 im Branchenorgan Börsenblatt hieß, drohte Berufsverbot.[23]

Der wirtschaftliche Aufschwung ab Mitte der 1930er Jahre und die NS-Literatur, die in hohen Auflagen verbreitet war, stärkten aber den Buchhandel. Auch bei Thalia liefen die Geschäfte gut: 1935 betrug der Umsatz 70.000 Reichsmark,[24] der Bruttogewinn knapp 22.000 und der Reingewinn 8.590 Reichsmark.[25] Um zusätzliche Einnahmen zu erzielen, richtete Erich Könnecke 1935 neben der Kinderbuchabteilung eine Leihbücherei ein, in der man für 20 Pfennig pro Woche ein Buch ausleihen konnte.[26]

Die Repressionen des NS-Regimes verschärften sich und förderten Denunziationen. Eine anonyme Leserin schrieb 1938 dem Hamburger Tageblatt, die Thalia Leihbücherei enthalte „noch viele Bücher von Juden und Emigranten, auch von Autoren, die im schärfsten Gegensatz zum neuen Deutschland stehen".[27] Erich Könnecke verteidigte sich in einem Brief, es könne sich nur um Angaben aus seinem ersten Leihbücherei-Katalog handeln, der längst veraltet sei. Unerlaubtes sei bei ihm nicht vorhanden: „Sobald das Verbot eines Buches oder eines Autoren ergangen ist, kommt die Staatspolizei und beschlagnahmt sofort die hiervon betroffenen Bücher."[28]

Immer mehr Autoren und Titel tauchten auf den „Schwarzen Listen" der Nazis auf. Befreundete Buchhändler informierten sich über neue Ächtungen. Einige verbotene Bücher versteckte Erich Könnecke aber in seiner privaten Bibliothek oder gab sie unter der Hand an Kunden weiter, denen er vertraute.[29] Unter dem Slogan „Wir werben für Deutsches Gut und Deutsche Leistung" beteiligte sich Thalia mit vielen anderen Buchhandlungen an einem Schaufensterwettbewerb.

Erich Könnecke war nicht Mitglied der NSDAP, passte sich aber an, um das Geschäft weiterführen zu können.

Dennoch sah Erich Könnecke angesichts des Wirtschaftsaufschwungs zuversichtlich in die Zukunft – der Umsatz der Buchhandlung betrug 1939 bereits 108.750 Reichsmark[30] – und suchte ein größeres Ladenlokal, zumal das Thalia Theater mehr Platz für eigene Zwecke benötigte.[31] Ein neues Geschäft fand er ganz in der Nähe in der Hermannstraße 14 im sogenannten Miele-Haus. Im September 1939, wenige Tage nach dem deutschen Überfall auf Polen und dem Beginn des Zweiten Weltkriegs am 1. September, packte er seine Bücher auf ein Pferdefuhrwerk und zog um.[32] Den eingeführten Namen Thalia behielt Erich Könnecke am neuen Standort bei.

Gleich zu Kriegsbeginn, im Januar 1940, wurde er zur Wehrmacht eingezogen. Zunächst war er in einer Kaserne in Hamburg stationiert. Dann wurde er nach Dänemark versetzt, wo er eine Kfz-Werkstatt leitete. Die Aussicht auf eine Einberufung dürfte ein wichtiger Hintergrund für die Entscheidung gewesen sein, Ehefrau Annemarie Könnecke als Prokuristin der Buchhandlung eintragen zu lassen.[33] Von den Kriegsauswirkungen spürte die Buchhandlung in Hamburg anfangs wenig. Im Jahr 1939 wurde sogar erstmals ein Weihnachtskatalog – „Eine erlesene Auswahl" – an die Stammkunden verschickt, damit begründete Thalia eine später über Jahrzehnte gepflegte Tradition.[34]

Unterstützt wurde Annemarie Könnecke im Geschäftsalltag von zwei Lehrlingen. Im Januar 1942 wurde die Buchhändlerin Irmgard Reinemann als zweite Prokuristin eingetragen.[35] Da Papier und Bücher mit zunehmender Dauer des Kriegs knapp wurden, schrumpfte das Sortiment. Einnahmen erzielte die Buchhandlung vor allem durch die Leihbücherei.[36]

Mit den ersten Angriffen auf die Werft von Blohm & Voss im Mai 1940 begann in Hamburg der Bombenkrieg.[37] Zunächst hielten sich die Schäden in der Stadt noch in Grenzen, das Ausmaß der Zerstörung nahm jedoch von Jahr zu Jahr zu. Besonders verheerend war die Operation „Gomorrha" im Juli 1943: Im Hamburger Feuersturm starben 35.000 Menschen. Auch die Thalia Buchhandlung nahm Schaden, dennoch informierte Erich Könnecke nur wenige Tage später die Verleger über die Wiedereröffnung. Er bat um „erhöhte Zuteilungen [...] zur Wiederherstellung des Lagers", das im Bombenhagel zerstört worden war.[38] Auch wesentlich schlimmere Verluste waren zu beklagen: Anfang 1942 war der Buchhandlungsgehilfe Horst Engelbrecht als Soldat gefallen, wie einer Gedenkanzeige im Börsenblatt zu entnehmen ist.[39]

Im September 1944 kam Erich Könnecke von einer Dienstreise gerade rechtzeitig nach Hamburg zurück, um zu erleben, dass seine Sortimentsbuchhandlung – wie die meisten Buchhandlungen – geschlossen werden sollte: Kriegsbedingt war das wirtschaftliche Leben mehr und mehr eingeschränkt. Als allerdings wenig später die anderen

Verordneter Schaufensterwettbewerb während des Nationalsozialismus

Thalia verlässt 1939 die Räumlichkeiten im Thalia Theater und zieht
in die Hermannstraße 14.

Buchhändler wieder öffnen durften, beschwerte sich Erich
Könnecke beim Präsidenten der Reichsschrifttumskammer:
Er sei seit fünf Jahren Soldat und habe sich daher nicht um
die Wiedereröffnung seines Ladens bemühen können. Seine
Leihbücherei umfasse Tausende von Bänden, mit dem Sortiment seiner Buchhandlung versorge er „einen breiten Kun-
denkreis" und seine wissenschaftlichen Zeitschriften hätten
„hunderte von Abonnenten". Außerdem habe er nach schwe-
ren Angriffen die Hälfte seines Ladens an eine ausgebomb-
te Parfümerie abgegeben – die Parfümerie Gustav Krippner.
Könnecke schließt: „Gerade wir seit Jahren einberufenen
Buchhändler haben während des Krieges unter unendlichen
Schwierigkeiten und Opfern den Betrieb aufrecht erhalten
können und verdienen daher m. E. auch eine gewisse Unterstützung seitens der Kammer."[40]

13. April 1945: Die Thalia Buchhandlung an der Hermannstraße 14 fällt einem Bombenangriff zum Opfer.

Die Antwort des Präsidenten ist nicht überliefert, aber vermutlich bekam Erich Könnecke die Erlaubnis, um die er so eindringlich nachgesucht hatte.

1944 und Anfang 1945 richteten sich die Bombenangriffe gezielter gegen Hafen- und Industrieanlagen, kurz vor Kriegsende auch wieder gegen die Innenstadt. Am 13. April 1945 traf eine Luftmine das Haus in der Hermannstraße 14 und zerstörte es.[41] Aus den Trümmern barg die Familie Könnecke alle Bücher, die noch zu gebrauchen waren. Der Umsatz, der 1944 fast 120.000 Reichsmark betragen hatte, halbierte sich 1945 auf 64.000 Reichsmark.[42]

Nachkriegsjahre und Wirtschaftswunder

Als Erich Könnecke Ende Mai 1945 aus Dänemark endgültig nach Hamburg zurückkehren konnte, lagen die Stadt und seine Buchhandlung in Trümmern. Um wieder Bücher verkaufen zu dürfen, benötigte er eine Lizenz der britischen Militärregierung, die er am 16. August 1945 unter der Nummer 53 erhielt. Außerdem brauchte er einen Laden. Er fand ihn erneut im Gebäude des Thalia Theaters, wo ein Konfitürengeschäft leer stand. Das Ladenlokal war so klein, dass es kaum Platz für den Buchhändler und seine Mitarbeiter bot. „Hier hausten wir mit fünf Personen, von denen einige im Keller sitzen mussten, der nur durch eine Fußbodenklappe und eine Hühnerleiter zugänglich war, und versuchten, ohne Möbel, Schreibmaschine und Kasse, vor allem aber ohne Bücher, dort wieder zu beginnen, wo wir seit der Zerstörung aufhören mussten", erinnerte sich Erich Könnecke zum Jubiläum 1969.[43]

Noch im August 1945 informierte Erich Könnecke seine Kunden über die Wiedereröffnung. Er habe seine Leihbücherei wesentlich erweitert und eine englischsprachige Abteilung eingerichtet – Bücher, die es lange nicht mehr in Deutschland zu kaufen gab und die in der britischen Besatzungszone Hamburg begehrt waren. Zugleich war es ein Hinweis darauf, dass er kaum neue Titel im Angebot hatte.[44] Die Kataloge, unverzichtbarer Bestandteil der Arbeit, Bank- und Geschäftsunterlagen sowie Kundendateien hatten Könneckes rechtzeitig in ihr Privathaus ausgelagert, wo sie den Krieg unbeschadet überstanden.[45]

Im März 1946 informierte Erich Könnecke die Verlage über seine neue Adresse und bat „höflichst" um Zuteilung von Büchern.[46] In dem wohl „kleinsten Buchladen Hamburgs"[47] kamen die Geschäfte langsam wieder in Gang. 1946 erzielte Erich Könnecke mit seiner Buchhandlung bereits einen Umsatz von 164.000 Reichsmark.

Erich Könnecke suchte nach einem größeren Ladenlokal und fand es schließlich in der Groneschen Handelsschule. Die 1895 von Heinrich Grone gegründete Privatschule unterrichtete Kaufmanns- und Handlungsgehilfen, seit 1905 in einem Neubau in der Hermannstraße 18.

Helmine Grone und Erich Könnecke schlossen im Oktober 1947 einen Vertrag: Sie vermietete ihm zum 1. November 1947 „65 qm Vorderladenraum mit den anliegenden Hinterräumen und Keller für jährlich 3720 RM". Zu den besonderen Vereinbarungen gehörte, dass Erich Könnecke als Mieter für den Ausbau des „teilweise zerstörten Ladens auf eigene Kosten" eine Entschädigung von 10.000 Reichsmark erhielt.[48]

Um das ehemalige Schulgebäude für die Buchhandlung nutzen zu können, mussten zunächst die schlimmsten Kriegsschäden beseitigt werden. Da Erich Könnecke wohl eine offizielle Erlaubnis für die Bauarbeiten fehlte, schützte er mit einer Bretterwand vor dem Haus mit der Nummer 18 die Baustelle vor neugierigen Blicken. Das dringend benötigte Baumaterial war in der unsicheren, vom Schwarzmarkt geprägten Zeit kaum zu bekommen. Freunde und Kunden halfen: Sie tauschten Kameras, Fahrräder, Autoreifen und Zigaretten gegen Werkzeug, Zement oder Bauholz.[49]

Am 2. September 1947 war es dann so weit: Erich Könnecke eröffnete die neue Thalia Buchhandlung für „Schöngeistiges Schrifttum, Medizin, Rechtswissenschaft, Betriebswirt-

Thalia Laden 1945–1947 nach der Ausbombung im Notquartier Thalia Theater

schaft und Steuerrecht".[50] Auch boten die Buchhandlungen inzwischen die 1946 im Zeitungsformat gedruckten ersten rororo-Bücher (Rowohlt Rotations Romane), die Vorläufer der Taschenbücher, für 50 Pfennig an. Diese wurden auf Rotationsmaschinen gedruckt. Die Autoren waren dem Publikum größtenteils bekannt und erfolgreich, der Absatz daher gut. Die Verlage bat er aus diesem Anlass um Sonderzuteilungen. Doch Bücher blieben Mangelware, sodass er wie die meisten Buchhändler zunächst vornehmlich von seiner Leihbücherei lebte.[51]

Die Umstände waren schwierig, aber es war auch viel in Bewegung. Nach dem Ende des Zweiten Weltkriegs „regte sich überall der Aufbauwille", schrieb Erich Könnecke rückblickend. Es entwickelten sich „Einfallsreichtum und Improvisation, und man fühlte sich vor allem befreit von Angst – aber auch beglückt von Hoffnung auf die Zukunft".[52]

Die Währungsreform am 21. Juni 1948 markierte den Beginn des Aufschwungs für den Handel und die gesamte Wirtschaft. Von einem Tag auf den anderen füllten sich die Schaufenster mit Waren, die in Erwartung der neuen Währung zurückgehalten worden waren.

Als Vorbereitung auf die Währungsreform hatte sich Erich Könnecke wie viele andere Hamburger Buchhändler an der erfolgreichen Aktion „Ab Juli gilt die Büchermark" des Norddeutschen Verleger- und Buchhändler-Verbands beteiligt. Sie galt als „mustergültiges Beispiel einer Gemeinschaftswerbung von Sortimentern, Verlegern und Rundfunk". Einen Monat lang wurden kaum noch verkaufsfähige Bücher in minderwertiger „Reichsmark-Ausstattung" zu einem Drittel ihres ursprünglichen Ladenpreises verkauft, um die Lager der Buchhandlungen und Verlage für neue Ware zu räumen. „Hier ist doch tatsächlich einmal nicht nur geredet, sondern etwas geleistet worden", lobte der Verlag Wilhelm Langewiesche-Brandt.[53] Erich Könnecke war in dieser Zeit Mitglied im Werbeausschuss des Börsenvereins.

Erich Könnecke suchte nach einem größeren Ladenlokal und fand es schließlich in der Groneschen Handelsschule, Hermannstraße 18.

Zukunftsmarkt Fachliteratur. Erich Könnecke eröffnete 1961 einen Standort nur für Fachbücher.

Als die benachbarte Buchhandlung Lucas Gräfe in der Hermannstraße 11 zum Jahresende 1949 geschlossen wurde, konnte Erich Könnecke die Zeitschriften-Abonnements von Gräfe übernehmen und so seine Kundschaft vergrößern.[54] Er nutzte die gute Konjunktur, mietete ein benachbartes Geschäft in der Hermannstraße 18 hinzu und vergrößerte seine Verkaufsfläche. Fassade, Schaufenster und Inneneinrichtung ließ er neu gestalten. Zum Weihnachtsgeschäft 1950 präsentierte sich die Thalia Buchhandlung modern und großzügig.[55]

Anfang der 1950er Jahre blühte in Hamburg wie überall in Deutschland das kulturelle Leben wieder auf. Theater, Konzertsäle und Kinos waren gut besucht. Am Deutschen Schauspielhaus in Hamburg, der größten Sprechbühne in Deutschland,

NACHKRIEGSJAHRE UND WIRTSCHAFTSWUNDER

spielte Gustav Gründgens seine berühmte Faust-Inszenierung. Auch das Interesse an Literatur erwachte neu.

Es waren aber vor allem Fachzeitschriften und Loseblatt-Fortsetzungen für Anwälte und Steuerberater, die der Thalia Buchhandlung verlässliche Einnahmen sicherten. Erich Könnecke bot das gesamte Spektrum an Fachliteratur aus den Bereichen Steuerrecht, Jura, Betriebswirtschaft und Volkswirtschaft. Auf eigenen, maschinengeschriebenen Blättern informierte er seine Kunden über Neuerscheinungen in den Bereichen Versicherungswesen oder Finanzwesen. Etwas später gab es dann auch wieder gedruckte Werbeblätter mit dem Logo der Thalia Buchhandlung zum Beispiel über „Das unentbehrliche Rüstzeug für jeden Steuerberater".[56] 1954 lag der Umsatz, den Thalia mit Fachliteratur erzielte, bei rund 60 Prozent.[57] Erich Könnecke setzte große Hoffnungen in diesen Bereich und eröffnete 1961 gegenüber in der Hermannstraße 15 einen Standort nur für Fachbücher.[58]

TEIL 2

WACHSEN

Buchhandel neu gestalten

Impulse und Gäste
aus der ganzen Welt

Besonderes Interesse am Fachbuchhandel zeigte Könneckes Sohn Jürgen. Vom Vater hatte er sich zu einer buchhändlerischen Ausbildung überreden lassen, denn eigentlich wollte er Fotograf werden. Nach seiner Lehrzeit in der Fachbuchhandlung Boysen & Maasch in Hamburg und der Gehilfenprüfung folgte ein einjähriger USA-Aufenthalt. Jürgen Könnecke arbeitete in New York in der international angesehenen Kunstbuchhandlung des ebenfalls aus Hamburg stammenden, in den 1930er Jahren in die USA emigrierten George Wittenborn.

Nach einem kurzen Studienaufenthalt in Paris organisierte und begleitete Jürgen Könnecke Buchausstellungen deutscher Verlage im Ausland, die vom Börsenverein des Deutschen Buchhandels gemeinsam mit dem Auswärtigen Amt veranstaltet wurden.[59] Neben der deutschen Gegenwartsliteratur wurde ein Querschnitt aus den Bereichen Sach- und Kinderbuch sowie wissenschaftliche Literatur gezeigt. Auch Lesungen standen auf dem Programm. 1957 ging es in die USA, 1963 dann für sechs Monate nach Südafrika und 1965 für drei Monate nach Venezuela und Kolumbien.[60]

Nach seinem einjährigen Aufenthalt in den USA kam Jürgen Könnecke zurück nach Hamburg, denn sein Vater brauchte seine Unterstützung. 1960 ging er allerdings für ein

Martin Walser und Erich Könnecke (oben)
Publikumsmagnet Franz Beckenbauer (unten)

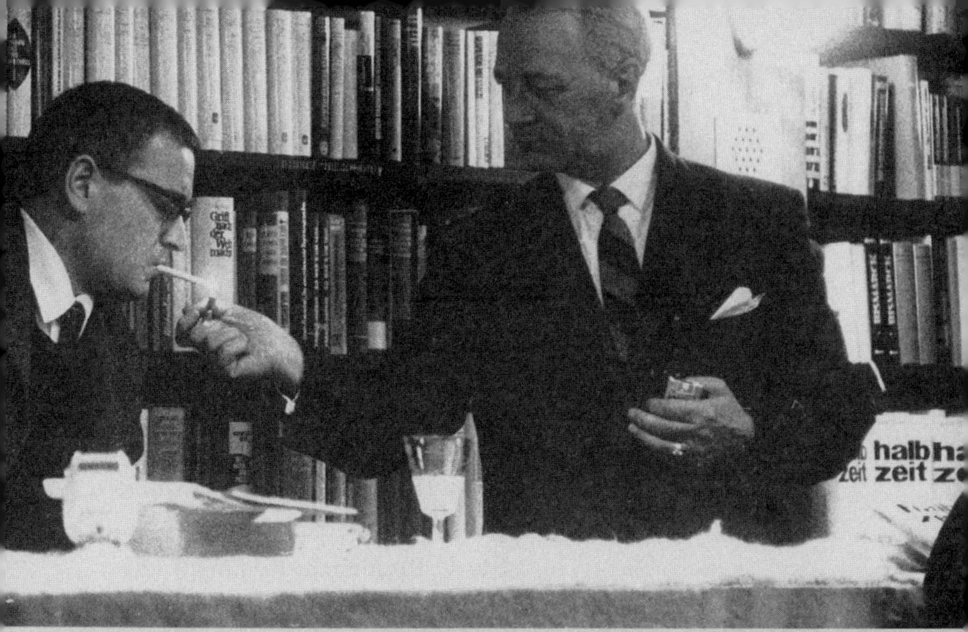
halb
zeit

n der Hoffnung, von Herrn Könnecke gelegentlich wieder Feuer zu bekomm
wie am 8. April 63
Martin Walser

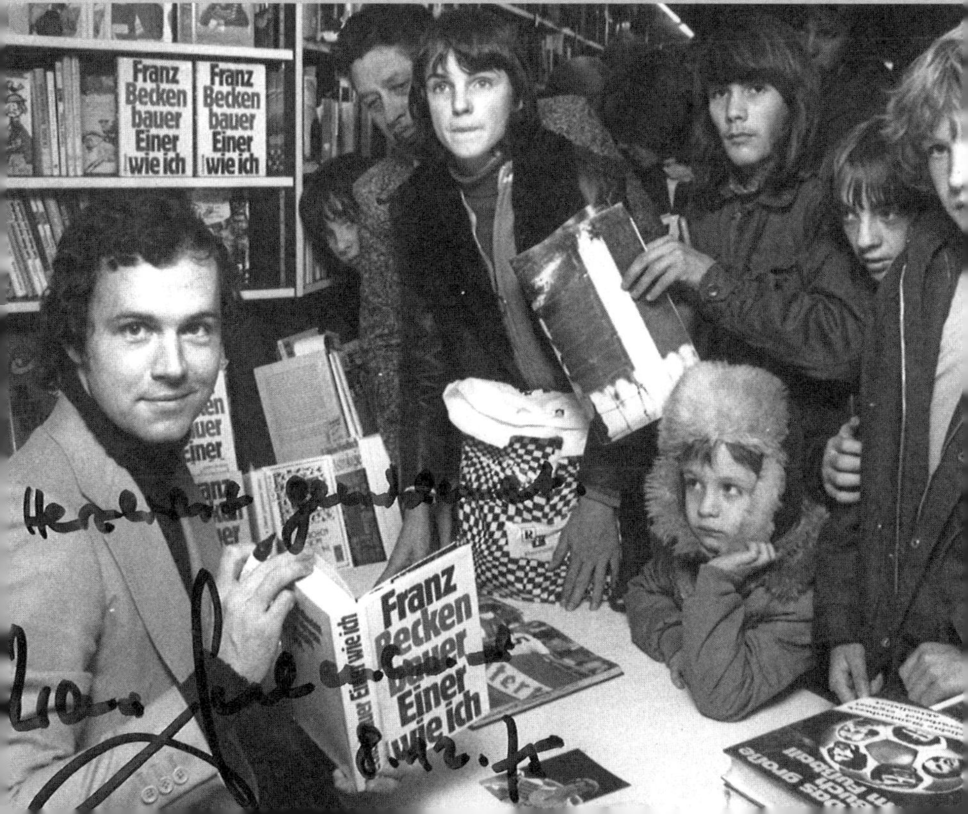
Franz
Becken
bauer
Einer
wie ich

Jahr nach Berlin, um in der damals größten Berliner Buchhandlung Elwert und Meurer seine beruflichen Erfahrungen zu erweitern.

Während Erich Könnecke ein begnadeter Verkäufer war, kümmerte sich Jürgen Könnecke im Hintergrund lieber um Strategie und Planung.[61] Er sah sich weniger als klassischer Buchhändler, sondern wollte den Wandel des Buchhandels mit neuen Ideen und Konzepten vorantreiben. Sein zentraler Gedanke war es, auf die veränderten Bedürfnisse der Kunden einzugehen. Beispielsweise bildete der Tresen beim Verkauf von Büchern bislang eine Hürde. Kunden durften nicht selbst in den Regalen stöbern, sondern ließen sich vom Buchhändler über eine Theke hinweg bedienen. Seit den späten 1950er Jahren wollten sie sich aber frei bewegen, Bücher aus dem Regal nehmen und hineinlesen. Damals veränderte sich die Präsentation grundlegend: Nun lagen Bücher auf großen Tischen zur Auswahl, in frei zugänglichen Regalen und Bücherständern.[62] Erich und Jürgen Könnecke wollten alle Schwellen für ihre Kunden abbauen und Bücher in einem

Max Schmeling (links) und Jürgen Könnecke

einladenden Umfeld anbieten. So begann bei Thalia das Wirtschaftswunder. 1958 überstieg der Umsatz der Buchhandlung bereits eine Million D-Mark.[63]

„Das war ein schöner Abend, der 6. Oktober 1961 … und ich bin dankbar dafür, stolz und gebauchkitzelt und mit neuer Hoffnung erfüllt", schrieb der deutsch-britische Schriftsteller Martin Beheim-Schwarzbach 1961 nach einer Lesung ins Gästebuch. „Dank und Gruß Ihnen, lieber Herr Könnecke, und ihren ‚Leuten'!"[64]

Seit Anfang der 1960er Jahre veranstaltete Erich Könnecke im vertrauten Rah-

Johannes Heesters (vorne) und Jürgen Könnecke

men der Thalia Buchhandlung Lesungen, Gespräche und andere Literaturbegegnungen. Bereits in den 1920er Jahren in seiner Zeit bei Blencke und Co. hatte er solche Veranstaltungen organisiert, zu Gast waren unter anderem Alfred Döblin, Thomas Mann, Joachim Ringelnatz und Stefan Zweig. Jürgen Könnecke hatte ähnliche Veranstaltungen während seiner Zeit in der Berliner Buchhandlung Elwert und Meurer erlebt. Nun lud er Autoren und Kunden zu Jugendbuch-, Literatur- und Lyriklesungen ein. Als einer der ersten kam im April 1961 der junge Siegfried Lenz, der seinen Debütroman

Autoren und Autorinnen bei Thalia: Max Frisch (vorne), Konrad Adenauer, Antony Quinn (vorne),
Lilli Palmer, Rudi Carrell (rechts), Loki Schmidt (links), Liv Ullmann (links), Peter Ustinov,
Heidi Kabel, Walter und Robert Kempowski, Curt Jürgens (rechts), Leonard Bernstein (vorne)

Best wishes and all the best from ... Dec '76

„Es waren Habichte in der Luft" und später „So zärtlich war Suleyken" vorstellte.[65] Mit weiteren Besuchen in den Jahren 1978, 1984, 1985 und 1994 wurde er zum Stammgast bei Thalia. Siegfried Lenz und Jürgen Könnecke verband eine jahrelange Freundschaft.

Bis zu 200 Gäste drängten sich in der Buchhandlung, wenn Max Frisch, Martin Walser, Uwe Johnson oder Siegfried Lenz aus ihren Büchern lasen und für die Gäste hautnah zu erleben waren.[66] Auch die Intendanten des Thalia Theaters, von Willy Maertens über Boy Gobert und Jürgen Flimm bis zu Ulrich Khuon, waren Kunden der Buchhandlung. Anschließend verewigten sich die Autoren im Gästebuch, das so zu einem Who's who der Gegenwartsliteratur wurde. Später lud Jürgen Könnecke auch prominente Politiker, Schauspieler oder Showstars ein, die Bücher geschrieben hatten. Es mögen in diesen Jahren rund 500 Veranstaltungen bei Thalia stattgefunden haben.

Jürgen Könnecke (links) bei einer Signierstunde mit Siegfried Lenz

Neue Ideen für den Buchhandel

Jürgen Könnecke wurde 1965 mit 30 Jahren zum Mitinhaber des Unternehmens, das am 1. Januar 1965 von einer Einzelfirma in eine Kommanditgesellschaft umgewandelt wurde.[67] 1965 war auch in anderer Hinsicht ein gutes Jahr, denn der Umsatz des Unternehmens stieg auf mehr als zwei Millionen D-Mark.[68] Um den Kunden möglichst nah zu sein, sah Jürgen Könnecke sich nach neuen Verkaufsstätten um. Im Mai 1966 wurde in Hamburg-Osdorf das Elbe-Einkaufszentrum eröffnet – Hamburgs erstes Einkaufszentrum auf der grünen Wiese. Während diese neue Welt vielen Einzelhändlern aus der Innenstadt suspekt war, sah Jürgen Könnecke hier großes Potenzial. Sein Vater bezweifelte zwar, dass sich in diesem Umfeld Bücher verkaufen ließen, erinnert sich Jürgen Könnecke, doch ließ er seinen Sohn gewähren. Und der Sohn behielt recht: Die 1968 eröffnete Buchhandlung im Elbe-Einkaufszentrum war von Beginn an erfolgreich. Jürgen Könneckes Überlegung, dorthin zu gehen, „wo die Leute wohnen",[69] war der Startpunkt der Expansion von Thalia. Vom Erfolg der ersten Niederlassung beflügelt, gründete Jürgen Könnecke rasch weitere Standorte: 1970 in Hamburg-Niendorf und 1972 im Alstertal-Einkaufszentrum in Hamburg-Poppenbüttel.

Thalia konnte mit Stolz auf eine langjährige Tradition zurückblicken. 1969 feierte die Buchhandlung ihr 50-jähriges Bestehen. – Und Jürgen Könnecke setzte neue Akzente. Er gehörte zu den Pionieren einer jungen Nachkriegsbuchhändlergeneration, die mit ihrer Expansionsstrategie und später

Loriot: Glückwunsch zum
50-jährigen Firmenjubiläum

mit Großflächenbuchhandlungen neues Terrain im stationären Buchhandel betraten. Auch in der Werbung gab es
neue Ideen: 1971 gründeten neun Buchhandlungen – neben
Thalia waren es Hugendubel, Mayersche, Wittwer, Naacher,
Phoenix, Schmorl & von Seefeld, Baedeker und Bouvier – die
Buchwerbung der Neun GmbH. Von der Zeitungsbeilage bis
zum Weihnachtskatalog produzierte diese Gemeinschafts-
agentur Werbung und Information.[70] Die Buchhändler be-
wiesen damit den Verlagen gegenüber Selbstbewusstsein,
denn sie warben für ihr Sortiment und nicht für ein Verlags-
programm.

Der Falkauer Kreis: Freundeskreis führender Buchhändler

Anfang der 1970er Jahre gab es in Deutschland eine große Zahl von Beratern, die Erfahrungsgruppen betreuten: Bei Arbeitstagungen wurde viel über die Zukunft des Buchhandels diskutiert. Auch an einem Abend im Februar 1976 saßen in Freiburg die Buchhändler Klaus Kaiser, Fritz Hodeige und Jürgen Könnecke zusammen und sprachen über ihre Zukunftspläne. Von Fritz Hodeige ging die Idee aus, einen Arbeitskreis mit dem Unternehmensberater Ernst Schmalenbach aus München zu starten. Es sollten strategische Fragen und Führungsaufgaben besprochen werden.

Jürgen Könnecke und Klaus Kaiser bemühten sich um weitere Mitglieder für den geplanten Kreis. Zu ihm gehörten schließlich: Helmut Falter, Mayersche, Aachen; Thomas Grundmann, Bouvier, Bonn; Henning Hamkens, Weiland, Lübeck; Peter Herwig, Göppingen; Fritz Hodeige, Rombach, Freiburg; Heiner Hugendubel, München; Klaus Kaiser, Karlsruhe und Pforzheim; Jürgen Könnecke, Thalia Buchhandlung sowie Boysen & Maasch, Hamburg; und Rainer Scholten Krüger, Dortmund. Im September 1976 trafen sich die Unternehmer erstmals in dem kleinen Schwarzwalddorf Falkau. Danach verabredeten sich die Teilnehmer von nun an jährlich drei Mal.

Durch die häufigen Treffen darf man den Falkauer Kreis als eine Art Freundeskreis aktiver Buchhändler bezeichnen. Das starke Wachstum und auch eine über die Stadtgrenzen hinausgehende Expansion einiger Falkauer Firmen führte allerdings in den 1980er Jahren dazu, dass es zu Wettbewerb unter den Falkauern kam – wie beispielsweise in Köln zwischen den Unternehmen Mayersche und Bouvier. Nach der Wende Anfang der 1990er Jahre wurde der Wettbewerb in ganz Deutschland deutlich stärker, was letztlich dazu führte, dass sich der Falkauer Kreis 1998 auflöste.

Trotzdem blieb das Interesse an den von Ernst Schmalenbach moderierten Runden bestehen, und die vom Falkauer Kreis entwickelten Geschäftsmodelle lieferten auch außerhalb Deutschlands dem Buchhandel wichtige Impulse. Es ist durchaus möglich, dass Großflächen in den USA, zum Beispiel bei Barnes & Noble, oder auch die FNAC in Paris auf den Erkenntnissen des Falkauer Kreises beruhten. Mit Sicherheit kann man sagen, dass dieser Kreis ambitionierter Unternehmer die Entwicklung im Buchhandel maßgeblich beeinflusst hat.

Helmut Falter und Jürgen Könnecke, 2019

Expansion und Buchhandlungen „neuen Typs"

1973 wagten Könneckes erstmals einen Zukauf: Die Buchhandlung M. Glogau jr. am Neuen Wall galt als Hamburger Institution, nicht zuletzt wegen des angeschlossenen Verlags für niederdeutsche Literatur, der unter anderem Bücher von Gorch Fock herausbrachte. 1974 wurde zudem durch den Zukauf der 1889 gegründeten technischen Fachbuchhandlung Boysen & Maasch die Fachbuchsparte deutlich ausgebaut. Die Thalia Buchhandlung wuchs enorm und erzielte 1975 einen Jahresumsatz von 13,1 Millionen D-Mark.[71]

Das Stammhaus in der Hermannstraße war auch in den 1970er Jahren ein Ort der Begegnung von Lesern und Autoren. Veranstaltungen mit Prominenten aus Film, Fernsehen, Showgeschäft und Sport lockten viele Menschen an. Das gehörte zu dem, worauf Jürgen Könnecke großen Wert legte: Es war ihm wichtig, nicht mehr darauf zu warten, bis Kunden in den Laden kommen. Er warb vielmehr intensiv für das Buch und den Buchhandel, investierte in die Präsentation in den Läden und ging direkt auf die Kunden zu. Zudem stellte er die Verwaltung der 50.000 Adressen von Karteikarten auf EDV um, damit bestimmte Kundengruppen herausgefiltert und gezielt angesprochen werden konnten. Thalia setzte von Anfang an und exklusiv in Hamburg das Kundenmagazin „buch aktuell" ein, das im Harenberg-Verlag erschien. Es lag in den Buchhandlungen aus und informierte über Neuerscheinungen und den Buchmarkt.[72] Zu Beginn der 1980er Jahre gehörte Thalia mit sieben Standorten und einem

Das erste Buchhaus Hamburgs an der Straße Große Bleichen mit
1.800 Quadratmetern Verkaufsfläche. Foto: © buchreport

Jahresumsatz von 22 Millionen D-Mark zu den größten deutschen Buchhandlungen.

Dann stand ein nächster großer Schritt bevor: „Eine Buchhandlung neuen Typs" kündigte Jürgen Könnecke zu Beginn des Jahres 1984 an. In der Straße Große Bleichen mietete er zwei Etagen mit 1.800 Quadratmetern Verkaufsfläche und öffnete im Februar 1984 das erste Buchhaus Hamburgs. Heinrich Hugendubel hatte bereits im Oktober 1979 am Münchner Marienplatz die erste Großbuchhandlung an prominenter Stelle eröffnet und damit für erhebliches Aufsehen gesorgt. Das Hamburger Buchhaus passte in die Zeit: Auch Passanten, die eine klassische Buchhandlung eher scheuten, traten hier durch die weit geöffneten Türen ein. Jürgen Könnecke wandte sich damit – ähnlich wie mit den Buchhandlungen in vorstädtischen Einkaufszentren – ausdrücklich gegen ein elitäres Verständnis vom Lesen.

Ein neues Orientierungssystem führte die Kunden durch die Abteilungen. „Viele Buchhandlungen unter einem Dach", das war die zentrale Idee.[73] Neben Regalen, Verkaufs- und Aktionstischen gab es Sitzgelegenheiten und Lese-Inseln, damit Kunden in Ruhe in Geschichten eintauchen konnten. Thalia setzte stark auf Selbstbedienung, wobei Buchhändler in jeder Abteilung für die Beratung zur Verfügung standen. Eine Aktionszone bot Platz für Lesungen und Signierstunden, mit der Thalia die lange Tradition eines offenen Hauses mit Raum für Begegnungen fortsetzte. Zudem sollte das Angebot vielseitiger werden – das hieß, neben Büchern, Zeitungen und Magazinen VHS- und Musikkassetten sowie Software anzubieten. Immer wichtiger wurde zudem der Non-Book-Bereich, etwa Spiele und Spielzeug in der Kinderbuchabteilung.[74]

Schon bei der Eröffnung kündigte Jürgen Könnecke an, ein ähnliches Konzept im östlichen Teil der Hamburger Innenstadt umzusetzen. Am 6. September 1991 eröffnete er an der Spitaler Straße 8 das zweite Buchhaus. Auf einer Fläche von nun sogar 2.400 Quadratmetern fanden Kunden auf zwei Ebenen eine Auswahl von mehr als 200.000 Büchern, Videos und Hörbuchkassetten. Zum besonderen Einkaufserlebnis gehörte der Besuch im Thalia Buch-Café. Das war damals noch neu und ungewöhnlich – und die eigene Gastronomie entwickelte sich bald zum Anziehungspunkt und Frequenzbringer.

„Für mich standen die Zeichen auf Veränderung"

1965 wurde Jürgen Könnecke neben seinem Vater Erich Thalia Mitinhaber. Bald stellte er die Hamburger Buchhandlung neu auf: Der Juniorchef setzte auf Innovationen und Expansion.

1931 übernahm Ihr Vater die Buchhandlung im Thalia Theater in Hamburg. Können Sie sich noch an diesen ersten Laden erinnern?

Eigentlich nein, denn als mein Vater 1939 mit der Buchhandlung vom Thalia Theater in die Hermannstraße umzog, war ich gerade mal vier Jahre alt. Ich kenne den ersten Laden mehr von alten Fotos aus dieser Zeit. Der Umzug war nötig, da das Thalia Theater die Räume für eigene Nutzung brauchte und mein Vater eine größere Fläche für die Buchhandlung suchte. Der Umzug im Herbst 1939 fand allerdings zu einem sehr problematischen Zeitpunkt statt, unmittelbar nach Beginn des Zweiten Weltkriegs am 1. September.

Jürgen Könnecke 2009, zum 90. Thalia Jubiläum in Hamburg

Wurde Ihr Vater eingezogen?

Ja, nach einer Kasernierung in Hamburg wurde er nach Dänemark versetzt, wo er eine Kfz-Werkstatt zu leiten hatte. Das war natürlich keine gute Zeit, der Buchhandlung fehlte seitdem der Chef, und meine Mutter musste ohne Vaters Anwesenheit zwei kleine Kinder großziehen.

Wie ging es weiter?

Mein Vater kehrte im Sommer 1945 zurück und fand eine zerstörte Buchhandlung vor. Nun wurde seine ganze Kraft für den Wiederaufbau benötigt. Neue Bücher waren nur schwer zu beziehen, die Verlage hatten kein Papier, etliche Druckereien gab es nicht mehr. Erst 1948, als die D-Mark eingeführt wurde, änderte sich die Lage: Von einem Tag zum anderen waren die Läden wieder gefüllt. Viele Waren wurden bis zu diesem Tag zurückgehalten, weil die alte Währung keinen Wert hatte.

Worauf setzte Ihr Vater in den Nachkriegsjahren?

Damals gab es einen enormen Bedarf an Fachbüchern. Er setzte auf das Themenfeld Recht, Wirtschaft, Steuern. Dabei spielten Fachzeitschriften eine große Rolle, Loseblattwerke waren zudem wichtig, allein hierfür hatten wir um die 2.000 Abonnenten. In dieser Zeit machten wir über die Hälfte des Umsatzes mit dem Fachbuch, eröffneten auch eine eigene Fachbuchhandlung.

Welche Rolle spielte das allgemeine Sortiment?

Insbesondere Neuauflagen erfolgreicher Autoren und Bücher junger Schriftsteller waren gefragt, sie stellten bei uns ihre neuen Bücher mit Lesungen vor, zum Beispiel Siegfried Lenz, mit dem mich eine lange persönliche Freundschaft verband. Diesen Veranstaltungsbereich für unsere Kunden haben wir später ausgebaut.

War es von Anfang an Ihr Wunsch, Buchhändler zu werden?
Ja und nein. Mich hätte damals nach der Schulzeit auch gereizt, Fotograf zu werden. Mein Vater überzeugte mich dann aber doch, die Chance zu nutzen und Buchhändler zu werden. Im Gespräch mit seinem Kollegen Martin Maasch, dem Inhaber der Fachbuchhandlung Boysen und Maasch in Hamburg, gelang es ihm, dass ich dort eine Buchhändlerlehre absolvieren konnte.

Wie ging es weiter, bevor Sie in den väterlichen Betrieb einstiegen?
Erst einmal gab es weitere Buchhandelsstationen im In- und Ausland. Zuerst habe ich ein Jahr in einer Buchhandlung in New York gearbeitet, verbunden mit der Betreuung einer deutschen Buchausstellung in den USA. Dann folgten Zeiten in Paris und Berlin und immer wieder einige Jahre Tätigkeit in der Thalia Buchhandlung in Hamburg. Zwischenzeitlich habe ich auch für den Börsenverein des Deutschen Buchhandels zwei weitere große Buchausstellungen mit deutscher Literatur organisiert und vor Ort begleitet: 1963 in sechs Städten in Südafrika, später 1965 in Venezuela und Kolumbien.

1965 hat Ihr Vater Sie als Mitinhaber der Thalia Buchhandlung aufgenommen, wie ging es dann weiter?
Natürlich haben wir auch vorher schon viele Themen diskutiert und gemeinsam entschieden. Im Alter von 65 Jahren hat mein Vater mir dann aber einen Großteil der Führung unseres Unternehmens übertragen und sich später mit Leidenschaft um unseren niederdeutschen Glogau Verlag gekümmert.

Worum ging es Ihnen im Buchhandel?
Für mich standen die Zeichen auf Veränderung. Damals verloren wir in Hamburg in der Innenstadt Kunden, wie der gesamte Einzelhandel. Die ersten Einkaufszentren wurden gebaut, die Leute kamen weniger in die Stadt, es war mir wichtig, dass wir zusätzlich hin zu den Kunden gingen – dorthin, wo sie einkauften. Das hieß, sich vom Stadtzentrum zu entfernen. Mein Vater stand diesen Ideen anfangs skeptisch gegenüber. Ab Ende der 1960er Jahre eröffneten wir aber weitere Filialen, die erste im Elbe-Einkaufszentrum im Stadtteil Osdorf.

Sie expandierten, und dann kam schon bald die Buchwerbung der Neun ins Spiel.
Im Rahmen des Erfahrungsaustausches von aktiven großen regionalen Buchhandlungen gründeten neun Unternehmen 1971 eine Werbegemeinschaft als Full-Service-Agentur rund ums Buch. Thalia war von Anfang an dabei. Ziel war die Herstellung von Streuprospekten, Zeitungsbeilagen in Millionenauflagen und die Zusammenarbeit mit werbeaktiven Verlagen. Diese Werbemittel boten wir später auch anderen Buchhandlungen

Erich und Jürgen Könnecke, ca. 1968

an, die nicht in unserem direkten Umfeld lagen. Unsere
Geschäfte wuchsen, und diese Art der Werbung war damals sehr wirksam.

**1984 öffnete in Hamburg das erste Thalia-Buchhaus sei-
ne Tore auf 2.000 Quadratmetern. Das zweite folgte 1991
mit 2.400 Quadratmetern. Gab es Vorbilder für diese neue,
große Art des Buchhandels, an denen Sie sich orientieren
konnten?**

Ja – der erfolgreichste Vorläufer war die Buchhandlung
Hugendubel, die 1979 bereits ihr großes Buchhaus am
Münchner Marienplatz eröffnet hatte. Zum damaligen

Zeitpunkt gab mir Heiner Hugendubel, mit dem ich lange befreundet war, gute Tipps und beflügelte mich, eine Großfläche in Hamburg zu eröffnen. Auch in dem gemeinsam gegründeten Falkauer Kreis, einer Unternehmergruppe großer Buchhandlungen, diskutierten wir schon vorher ausführlich dieses Thema, das für die Entwicklung des Sortimentsbuchhandels gravierend war.

75 Jahre nach der Thalia Gründung, im Jahr 1994, gehörten zwölf Buchhandlungen zum Unternehmen, die über das Hamburger Stadtgebiet verteilt waren. Sie expandierten in Norddeutschland über Hamburg hinaus, und 2001 fusionierte Thalia mit der Hagener Gruppe Phönix-Montanus zur Thalia Holding GmbH. Wie kam es dazu?

Meine Töchter wollten nicht in das stark wachsende Unternehmen einsteigen, somit musste ich die Nachfolge neu regeln. Eines Tages sprach Douglas-Chef Dr. Jörn Kreke mit mir über das Thema einer gemeinsamen Buchgruppe. Wir verstanden uns gut und sprachen in Abständen immer wieder über eine Fusion. Wir brauchten eine Weile, um uns zu einigen. „Könnecke ist kompliziert", sagte er, aber schließlich kamen wir doch zusammen.

Sie blieben dann noch vier Jahre als Vorsitzender der Geschäftsführung der Thalia Holding dabei. Damals, 2001, begann Thalia zielstrebig in Deutschland zu expandieren. Wie haben Sie das erlebt?

Ich musste nicht überredet werden, diese Aufgabe zu übernehmen, ich blieb sehr gern und habe gemeinsam mit meinem Geschäftsführerkollegen Michael Busch das Expansionstempo mitgetragen. Es war für mich eine sehr interessante Zeit, und ich habe immens viel in der gemeinsamen Entwicklung unseres Unternehmens dazulernen und – ich hoffe auch – geben können. Abschließend finde ich, dass Thalia eine tolle Geschichte hat, von einer kleinen Theaterbuchhandlung im Jahr 1919 bis hin zur Marktführerschaft im deutschsprachigen Buchhandel zum 100. Geburtstag 2019! Dies alles wäre ohne viele gute Führungskräfte und viele begeisterte und engagierte Mitarbeiter nicht möglich gewesen.

Jürgen Könnecke trat 1957 in die 1919 gegründete Thalia Buchhandlung ein, die sein Vater Erich Könnecke 1931 übernommen und vor der Insolvenz gerettet hatte. 1965 wurde der Sohn Mitinhaber des Hamburger Unternehmens. 2001 fusionierte Thalia mit Douglas, die 75 Prozent der Thalia-Holding-Anteile übernahmen. Zum Ende des Jahres 2004 verabschiedete sich Jürgen Könnecke aus der Geschäftsführung. Bis zum Jahr 2012 blieb er als Gesellschafter im Board und verkaufte mit seiner Familie 2012 die Anteile an der Thalia Holding.

Abschied von Erich Könnecke und Aufbruch Ost

Bereits 1988 hatte sich der passionierte Bücher- und Bildersammler, begeisterte Golfspieler und mehrfache Großvater Erich Könnecke nach dem Tod seiner Frau Annemarie aus dem Buchhandelsgeschäft zurückgezogen. Er widmete sich seinem alten Hobby, der niederdeutschen Sprache, in der er gelegentlich humorvolle Kurzgeschichten geschrieben hatte. Veröffentlicht wurden sie unter dem Pseudonym Jakob Balhorn im hauseigenen Glogau Verlag.[75] Dann aber verlor Thalia den Unternehmer, der die Buchhandlung in Hamburg aufgebaut hatte: Erich Könnecke starb am 20. Juni 1993 im Alter von 89 Jahren. Der Generationenwechsel an der Thalia Spitze war allerdings bereits vollzogen. 1993 betrieb Erich Könneckes Sohn Jürgen zwölf Buchhandlungen und wurde von der Presse „Bücherpapst Hamburgs" genannt. Er selbst sah jedoch deutlich, dass er über die Hansestadt hinauswachsen musste, und eröffnete – im März 1997 – ein Geschäft in Bremen in bester Innenstadtlage.

Nach der Wiedervereinigung Deutschlands richteten sich in den frühen 1990er Jahren die Blicke von Unternehmern und Händlern nach Osten. Jürgen Könnecke agierte dabei zunächst zurückhaltend und eröffnete im Oktober 1997 drei Standorte in Berlin: in Wedding, Köpenick und Lichtenberg.

Im Mai 1998 hatte Thalia 16 Buchhandlungen und zwei Beteiligungen. Das Buchhandelsunternehmen aus dem Norden war die Nummer vier der Branche und erwirtschaftete mit mehr als 300 Mitarbeitern einen Umsatz von über 100 Millionen D-Mark.[76] 1999 kamen zwei weitere Berliner Standorte in Pankow und Hohenschönhausen dazu, im September 2000 wurde eine Buchhandlung in Oldenburg eröffnet. Das Branchenblatt buchreport schrieb im November 2000: „Die Thalia Strategie ähnelt jetzt der des großen Südlichts Hugendubel: Regionen im Kern mit einem Flaggschiff besetzen und anschließend sukzessive mit Satelliten ausbauen."[77] Die meisten Thalia Buchhandlungen, die in diesem Zeitraum neu eröffnet wurden, waren Teil moderner Einkaufszentren. Das Unternehmen reagierte damit, wie schon seit den ersten Expansionsschritten Mitte der 1960er Jahre, auf veränderte Einkaufsgewohnheiten und Publikumsströme im städtischen Raum. Zugleich wurde auf diese Weise die langjährige Zusammenarbeit mit der Hamburger ECE Projektmanagement GmbH intensiviert und ausgebaut.[78] Bemerkenswert bei Thalia: Viele Führungskräfte neuer Buchhandlungen stammen aus dem eigenen Haus und wurden auf ihre Aufgabe planmäßig vorbereitet. Auch auf die gezielte Aus- und Weiterbildung der Mitarbeiterinnen und Mitarbeiter wurde entsprechend großer Wert gelegt und wird es bis heute.

Wie andere Buchhändler nutzte Jürgen Könnecke in den 1990er Jahren seine Chancen für ein enormes Wachstum, das unter anderem durch die anhaltende Prosperität und den Einmaleffekt der deutschen Wiedervereinigung 1989/90 ermöglicht worden war. Als er im Jahr 2000 seinen 65. Geburtstag feierte, stand er mit seiner Familie vor der Entscheidung, wie es mit dem Unternehmen weitergehen sollte. Die Töchter Sibylle und Kirsten waren zwar gelernte Buchhändlerinnen, wollten die Unternehmensleitung aber nicht übernehmen.

Zudem stand die Buchbranche vor einem disruptiven Wandel, dessen Ausmaß noch kaum zu erahnen war: 1998 war der US-amerikanische Internetbuchhändler Amazon in den deutschen Markt eingetreten. Von vielen wurde diese neue Entwicklung zunächst nicht ernst genommen, bald aber zeichnete sich ab, dass die Branche sich dem Online-Handel nicht verschließen konnte. „Anfang der 2000er Jahre schreckte der Börsenverein seine Mitglieder auf und sagte: Ihr müsst etwas tun", erinnert sich Heinrich Riethmüller, Vorsteher des Börsenvereins von 2013 bis Oktober 2019. „Entweder marginalisiert sich die Branche, oder wir machen mit. Heute haben bestimmt 2.000 Buchhandlungen einen eigenen Online-Shop und sind in der Lage, genauso schnell zu liefern wie Amazon."[79]

Thalias Wachstumskurs ließ sich nur mit der entsprechenden Finanzkraft fortsetzen, in diesem Sinn wurden die Weichen dann auch neu gestellt.

Nord-West-Beziehung: Thalia und Phönix-Montanus gehen zusammen

Für die Buchbranche war es eine Sensation, als im April 2001 der Zusammenschluss der Buchhandelsunternehmen Thalia und Phönix-Montanus bekannt gegeben wurde. Die Hamburger Thalia Buchhandlungen mit rund 70 Millionen Euro Umsatz und die Buchhandelsgruppe Phönix-Montanus, die zur Hagener Douglas Holding gehörte, mit rund 175 Millionen Euro Umsatz gingen zusammen. Sie gründeten eine neue gemeinsame Gesellschaft, die Thalia Holding GmbH mit Sitz in Hamburg. Der Douglas Holding AG gehörten 75 Prozent und der Könnecke Beteiligungsgesellschaft 25 Prozent. Die Geschäftsführung des neuen Unternehmens bestritten Jürgen Könnecke und Michael Busch gemeinsam. Michael Busch war bisher Geschäftsführer bei Phönix-Montanus und seit 1994 für die zunächst noch recht heterogen aufgestellte Douglas-Buchsparte verantwortlich.[80] Das neue Unternehmen erhielt den Namen Thalia, der für eine lange Tradition und buchhändlerische Kompetenz stand, und war nun die größte Buchhandelsgruppe im deutschsprachigen Raum. Damit war der Grundstein für die Zukunft gelegt: dafür, mit einer großen Zahl starker regionaler Buchhandelsunternehmen zusammenzugehen und weiter zu wachsen.

Der Zusammenschluss von Thalia aus Hamburg mit Phönix-Montanus unter dem Dach der Douglas-Gruppe hatte eine längere Vorgeschichte. Die Douglas-Gruppe war aus dem 1949 gegründeten Süßwarenunternehmen Hussel hervorgegangen und durch die Übernahme des Parfümerieunternehmens Douglas 1969 auf einen rasanten Wachstumspfad eingeschwenkt. Unter Leitung des Vorstandsvorsitzenden Dr. Jörn Kreke erschloss die Gruppe weitere Felder des Einzelhandels, unter anderem 1997 mit der Übernahme der Juwelierkette Christ.

Im Buchhandel sah Jörn Kreke großes Potenzial. Er sei allerdings „von den Bankenexperten belächelt worden",[81] als er sich 1979 an der „praktisch zahlungsunfähigen"[82] Buchhandelsgruppe Montanus Aktuell beteiligte.[83] Auch die Wochenzeitung die ZEIT äußerte sich skeptisch: „Mit dem erneuten Eigentümerwechsel bei Montanus Aktuell sind die Versuche des deutschen Buchhandels, Strukturprobleme der Branche durch die Gründung von Handelsketten zu lösen, endgültig gescheitert. Stattdessen wurde eine Entwicklung vorangetrieben, die vom traditionellen Buchhandel seit Jahren ohnehin mit Argwohn beobachtet wird: die immer häufigere Einschaltung branchenfremder Unternehmen in das Geschäft mit Büchern."[84] Rückblickend eine bemerkenswerte Fehleinschätzung.

Das erste überregionale Buchhandlungsunternehmen Deutschlands war 1969 von Hermann Montanus in Frankfurt am Main gegründet worden. Mit Themen des aktuellen Zeitgeistes – unter anderem Frauenliteratur oder Sozialkritik – sprach er eher jüngere und gesellschaftspolitisch links orientierte Zielgruppen an. Neben Büchern gab es Schallplatten, englische Paperbacks, Tageszeitungen, Zeitschriften, Männermagazine und Comics. Selbstbedienung war üblich, Beratung gab es nur auf Anfrage.[85]

Jörn Kreke war überzeugt, dass sich die Filialisierung, die bei den Parfümerien gut funktionierte, auf die Buchbranche übertragen ließ. „Wir wissen, was Kunden von Fachgeschäften erwarten. Wir verstehen etwas von Sortimentsfragen, von Organisation und Controlling, und wir können angebotene Standorte in Bezug auf Qualität und Mietpreis relativ treffsicher beurteilen. Das versetzt uns in die Lage, innerhalb der Fachgeschäftsbereiche Know-how von einer Sparte auf die andere zu transferieren." Die strukturellen Probleme von Montanus könne man bereinigen.[86]

1979 verfügte Montanus über 45 Geschäfte mit 350 Mitarbeitern. Douglas machte aus dem Multimediashop und Treffpunkt junger Leute eine erfolgreiche Boulevardbuchhandlung. Der Tonträgerbereich wurde reduziert, der Schwerpunkt

Montanus-Aktuell-Filiale. Der erste Laden in den neuen Bundesländern eröffnete 1992 im Saalepark Günthersdorf bei Leipzig.

Die neue Geschäftsführung – anlässlich einer Strategietagung in London, 2001: Michael Busch, Jochen Laabs, Dr. Mathias Müller-Wiegand, Susanne Gruß, Christoph Maris, Jürgen Könnecke, Karsten Gödde, Gerald Winter, Albert Hirsch, Agnes Wieland (v. l. n. r.)

mehr auf das Buch gelegt. 1988/89 wurden die Montanus-Filialen in Bonn, Göttingen und Kiel in andere Gebäude verlegt und in Kaiserslautern ein neuer Laden eröffnet. Später gründete man neu in Bremen, Paderborn, Neunkirchen (Saar), Kempten, Koblenz und Nürnberg. 1989 überschritt der Umsatz die 100-Millionen-Marke, und Douglas steigerte seinen Anteil von 75 auf 100 Prozent.[87]

1989 kaufte das Unternehmen die renommierte Universitätsbuchhandlung Phönix in Bielefeld. Drei weitere lokal führende Vollsortimentsbuchhandlungen in Krefeld und Minden mit einem Umsatz von rund 19 Millionen D-Mark wurden von Hanna Vahle erworben.

1994 wurden die Douglas-Buchhandlungen unter dem Namen Phönix-Montanus mit 46 Buchhandlungen und fast 600 Mitarbeitern zusammengeführt. In diesem Jahr stieg Michael Busch zunächst interimistisch und ab 1995 als Mitglied der Geschäftsleitung in das Unternehmen ein und sollte das Unternehmen von diesem Zeitpunkt an bis heute führen und zu seiner heutigen Bedeutung entwickeln. Damit begann der dritte Abschnitt einer von persönlicher Kontinuität geprägten Thalia Geschichte. Einer Zeit, die von der Vereinigung des filialisierten Bucheinzelhandels im deutschsprachigen Raum bis zur europäischen Marktführerschaft führen sollte. Mitte 1996 kamen die Herder-Buchhandlungen in Freiburg, Poertgen-Herder in Münster und die Arena-Buchhandlung in Würzburg hinzu.

Diese Phase der Unternehmensgeschichte entsprach einer „Kombination aus organischem und anorganischem Wachstum", erklärt Michael Busch. Eine Kombination aus innerbetrieblicher Entwicklung und Zukäufen.[88]

Buchhandel mit elektrisierendem Namen

Bereits seit den 1970er Jahren interessierte sich Douglas-Chef Jörn Kreke für den Buchhandel. Entscheidende Impulse für die Buchsparte seines Unternehmens brachte schließlich Thalia 2001 ein. Im selben Jahr übernahm Henning Kreke den Staffelstab bei Douglas.

Sie begannen mit Hussel und Süßwaren, kauften Ende der 1960er Jahre Douglas, entwickelten das Unternehmen zum Parfümerie-Marktführer und fügten weitere Einzelhandelssparten hinzu. Wie kamen Sie zu Buchhandlungen?
Jörn Kreke Angefangen habe ich mit einem kleinen Laden in Bielefeld. Den kauften wir in den 1970er Jahren, um in die Buchbranche hineinzuschnuppern.

Henning Kreke Die Vision war, die Erfahrungen aus dem Geschäft mit Douglas auf weitere Handelsbranchen zu übertragen: in einem stark fragmentierten Markt mit vielen Geschäften eine marktführende Position aufzubauen.

Jörn Kreke Als ich darüber nachzudenken begann, gab es als großes Unternehmen lediglich Hugendubel in München, sonst nur kleine Geschäfte. Der Markt veränderte sich aber, und 1979 konnten wir Montanus übernehmen, die erste überregionale Buchhandlung in Deutschland, die zehn Jahre zuvor gegründet worden war. Später lernte ich Jürgen Könnecke kennen. Seine Thalia Buchhandlung lag direkt neben unserer Douglas-Filiale auf der Mönckebergstraße in Hamburg. Wir verstanden uns und kamen ins Gespräch. Es dauerte einige Jahre, es war nicht ganz leicht, aber 2001 kamen wir schließlich zusammen.

Was brachte Jürgen Könnecke ein, was Sie elektrisierte?
Jörn Kreke Das, was er aufgebaut hatte, passte genau zu meiner Vision. Er hatte, ausgehend von Hamburg, in Norddeutschland expandiert, hatte Buchhandel schon früh groß gedacht. Nicht zuletzt mit einigen seiner großen Buchhandlungen, und er brachte eine enorme Buchhandelskompetenz mit. Der Name Thalia hat mich besonders begeistert. Das Thalia Theater ist nicht nur in

Hamburg bekannt, und ich war davon überzeugt, dass Buchhandlungen mit diesem Namen überall erfolgreich sein können – so kam es schließlich ja auch. Jürgen Könnecke hatte sich auf Norddeutschland konzentriert. Wir expandierten deutschlandweit, schließlich auch in Österreich und der Schweiz.

2012 kam es aber zur Krise.

Henning Kreke Das war eine Krise des Buchhandels insgesamt, die durch den internationalen Online-Handel verursacht wurde, insbesondere durch Amazon. Natürlich hatten wir die Digitalisierung längst im Blick, Thalia hatte selbst ein Online-Geschäft aufgebaut. Aber Amazon war überraschend stark, die Buchbranche erlebte deutliche Umsatzeinbußen, auch Thalia. Das schlug sich leider auch in der Bilanz der Douglas Holding nieder. Wir hätten lieber anders agiert, aber bei einem börsennotierten Unternehmen waren uns die Hände gebunden, zumal der Buchhandel mittlerweile der zweitgrößte Geschäftsbereich geworden war.

Wie sahen Sie die Situation?

Henning Kreke Wir glaubten an Thalia. Es gab Handlungsbedarf, aber insgesamt war das Unternehmen gut aufgestellt. Wir suchten einen Partner, mit dem wir Douglas von der Börse nehmen konnten, und fanden Advent.

Wie kam es dazu, dass der Konzern aufgeteilt wurde: in Christ, Hussel, Douglas, Thalia sowie Appelrath & Küpper?

Henning Kreke Wenn ein Private-Equity-Partner wie Advent in einem diversifizierten Unternehmen einsteigt, denkt er von Anfang an darüber nach, was verkauft werden kann. Unser Unternehmen war stark diversifiziert in den Sparten Parfümerien, Bücher, Schmuck, Mode und Süßwaren. Advent sah, dass ein Mehrwert erzielt werden kann, wenn die einzelnen Geschäftsbereiche verkauft werden, da waren wir uns auch einig. Für uns war allerdings immer klar, dass wir als Familie an Douglas und Thalia beteiligt bleiben. Wir glauben an die Zukunft der stationären Beauty- ebenso wie an die Zukunft der stationären Buchbranche, auch wenn die Flächen teilweise verkleinert werden mussten. Wir waren der naheliegende Thalia Käufer, weil wir das Unternehmen kannten. Zudem ist die neue Konstellation mit der Familie Herder, mit Michael Busch und Leif Göritz optimal.

Wie kamen Sie mit Herder zusammen?

Henning Kreke Herder ist nicht nur ein bedeutender Verlag, zum Unternehmen gehören auch Buchhandlungen. Der wichtigere Teil, die Herder-Buchhandlungen, wurde 1996 an die Phönix-Montanus-Gruppe, also an Douglas, verkauft. Herder behielt aber die Immobilien und vermietete sie an uns. So entstand die Beziehung. Mein Vater setzte um, was er versprochen hatte: Er stellte die Buchhandlungen gut auf, und das kam bei Herder an. Als wir dann die Douglas-Gruppe von der Börse nahmen, sagten wir in Interviews, dass wir beteiligt bleiben wollen. Manuel Herder las, dass die Krekes von Thalia überzeugt waren, und schlug ein Treffen vor. Er brachte Leif Göritz als Partner mit und wir Michael Busch, den langjährigen Thalia-Geschäftsführer.

Wie sehen Sie die Zukunft?

Henning Kreke Unser Ziel ist, dass Thalia die erfolgreiche marktführende Position im deutschsprachigen Raum langfristig weiter ausbaut. In diesem Sinn wollen wir das Unternehmen mitgestalten. Nicht mit der Absicht, es zu verkaufen, sondern es langfristig im Familienvermögen zu halten und auf die nächste Generation zu übertragen.

Dr. Jörn Kreke übernahm 1969 den Vorstandsvorsitz in der Hussel Süßwarenfilialbetrieb AG, zugleich gab er den Startschuss für den Erwerb der Douglas- und Hanhausen-Parfümerien. 1989 wurde der Konzern in Douglas Holding umfirmiert. Seit 2014 ist Jörn Kreke Ehrenvorsitzender des Aufsichtsrates.

Dr. Henning Kreke sitzt seit 1997 im Vorstand der Douglas Holding AG. 2001 übernahm er von seinem Vater den Vorsitz, seit 2016 ist er Aufsichtsratsvorsitzender.

Expansion im deutschsprachigen Raum

Im Oktober 2000 wurden die Buchhandlungen Jäggi und Stauffacher hinzugekauft.[89] Damit gewann Phönix-Montanus innerhalb kürzester Zeit die Marktführerschaft in der Schweiz. Vorausgegangen war eine zweijährige Übernahmegeschichte Ende der 1990er Jahre, an die sich Michael Busch sehr lebhaft erinnert. Damals dachte er über eine mögliche Expansion ins deutschsprachige Ausland nach, konnte für diese Idee aber zunächst keine Mehrheit gewinnen. „Dennoch faszinierte mich der Gedanke einer Internationalisierung", so Michael Busch. „Ich fuhr in die Schweiz und verhandelte – zum Teil heimlich und mit dem stillen Rückhalt meines damaligen Chefs Heinz Schmidt, dem langjährigen CFO der Douglas Gruppe – mit den Familienunternehmern Jäggi und Stauffacher. Die davon allerdings gegenseitig nichts wussten, da sie spinnefeind waren. Im Stillen hoffte Heinz Schmidt damals mit Sicherheit, dass die Verhandlungen erfolglos im Sand verlaufen würden."

Jäggi: Das war Basel. Das zweitgrößte Buchhandelsunternehmen in der Schweiz umfasste drei große Läden. 1971 war Willy Jäggi Teilhaber der Buchhandlung geworden, deren Geschichte bis in das Jahr 1822 zurückgeht. Sein Sohn Ulrich stieg 1977 ein, 1985 wurde er zum Direktor ernannt. Stauffacher: Das war Bern. Hanns Stauffacher hatte das Unternehmen 1952 mit seiner Ehefrau Margret begründet. Später führte ihr Sohn Christian die Geschäfte, baute das Haupthaus zu einer der faszinierendsten Buchhandlungen Europas aus und eröffnete weitere Geschäfte in den 1970er Jahren. Um die Jahrtausendwende war Stauffacher mit sechs Läden die drittgrößte Buchhandlung in der Schweiz. Verstimmungen zwischen den beiden Unternehmen aus Basel und Bern gab es, als Ulrich Jäggi 1994 die Buchabteilung des Warenhauses Loeb im Stauffacher Stammgebiet in Bern übernahm und zu einer der größten Buchhandlungen der Schweiz ausbaute.

Dennoch wollte Michael Busch beide – Jäggi und Stauffacher – gleichzeitig erwerben: Aus der Nummer 2 und der Nummer 3 der Schweiz wollte er die Nummer 1 machen und so das Züricher Traditionsunternehmen Orell Füssli an der Spitze ablösen. Dies gelang in weniger als 72 Stunden zwischen der Unterschrift mit Ulrich Jäggi und dem Handschlag mit Christian Stauffacher.

Zuvor hatte Ulrich Jäggi eine Ausschreibung begonnen, um seine bestens aufgestellten Buchhandlungen zu verkaufen. Orell Füssli beteiligte sich – „und viele gingen davon aus, dass die Schweizer das unter sich ausmachen würden", so Michael Busch. Doch es kam anders: „Es gelang uns erneut, eine persönliche Bindung zu den Inhabern herzustellen und zu vermitteln, warum ein Unternehmen bei uns gut aufgehoben ist. Am Ende verkauft ein Eigentümer nicht an eine Firma, er gibt es an Menschen, gibt sein Lebenswerk in ihre Hände."

Rückwirkend zum 1. Oktober 2000 übernahm dann Phönix-Montanus im November rund 93 Prozent von Jäggi, später auch die restlichen Anteile. Im Dezember kam rückwirkend zum 30. Juni Stauffacher dazu. Mit dem Erwerb der buch.ch AG 2001 und der Beteiligung an der ZAP* Zur Alten Post AG 2003 durch Jäggi-Stauffacher war auch in der Schweiz das spätere Omni-Channel-Geschäftsmodell – mit erstklassigen Non-Book-Sortimenten, wie es die ZAP* mit der Papeterie eingebracht hatte – in seinen Grundstrukturen zukunftsfähig und für den Erhalt der Marktführerschaft sowie dem Wettbewerb mit Amazon substantiell gut aufgestellt. 2005 wurde die Jäggi-Buchhandlung in Thalia umbenannt und schließlich – nach dem Joint Venture im Jahr 2013 mit dem ehemaligen Züricher Wettbewerber – in Orell Füssli. Der Name Stauffacher ist dagegen bis heute in Bern geblieben, als eine von wenigen Ausnahmen – neben Rösslitor in St. Gallen sowie ZAP* im Wallis – für Orell-Füssli-Buchhandlungen in der Schweiz. „Das steht in keinem Vertrag, aber ich habe es Christian Stauffacher versprochen", erklärt Michael Busch.

Beginn der Branchenkonsolidierung

Dem „unternehmerischen Handeln in größeren Einheiten" gehöre die Zukunft, davon war Michael Busch überzeugt. Daher beschleunigte der Buchhändler sein Wachstum noch einmal.

Die Zeichen bei Phönix-Montanus standen weiter auf Wachstum – und zielstrebig suchten Jörn Kreke und Michael Busch weitere Partner. Michael Busch: „Unsere Fokus lag auf weiterem Wachstum über alle Vertriebskanäle hinweg und auf der Internationalisierung des Geschäftes. Das ambitionierte Ziel war die Verfünffachung des Umsatzes von etwa 200 Millionen auf eine Milliarde D-Mark in den Jahren bis 2005. Die Vision war da, und dann überlegt man natürlich: Mit wem kann es denn gehen?"[90] Weder Heinrich

Thalia Doppelspitze: Michael Busch und Jürgen Könnecke

Hugendubel noch Jürgen Könnecke wollten damals verkaufen.[91] Aber als Jürgen Könnecke eine Nachfolgeregelung für seine Buchhandlungen suchte, war man wieder mit ihm im Gespräch. Es sei vor allem der „sensationell gute" Name Thalia gewesen, der ihn interessiert habe, so Jörn Kreke. „Thalia steht für buchhändlerisches Know-how und für höchsten Qualitätsstandard im Sortiment und im Service", sagte er in einem Börsenblatt-Interview.[92]

2001 ist es endlich so weit. Phönix-Montanus und Thalia kommen unter dem Dach von Douglas zusammen. Verweise auf andere Douglas-Bereiche, in denen nach ähnlichen Transaktionen partnerschaftliche Beziehungen zwischen den Beteiligten gepflegt wurden, überzeugten Jürgen Könnecke. Teile der Unternehmenszentrale verblieben in Hamburg, und Jürgen Könnecke verantwortete gemeinsam mit Michael Busch die Geschäftsführung von Thalia und war von 2001 bis 2004 Vorsitzender der Geschäftsführung.

2002 erwarb Thalia aus der Konkursmasse der insolventen Libro-Gruppe in Österreich die Amadeus-Buchhandlungen in einem teils abenteuerlichen Auktionsverfahren. Sie waren der Wunschpartner für die geplante Österreich-Expansion: 23 moderne und räumlich großzügige Läden in guten Lagen.

Das Führungsduo bewies in den Folgejahren ein gutes Gespür für Entwicklungen im Markt. Traditionsreiche Buchhändler ergänzten die Thalia-Familie, wie z. B. 2002 Palm & Enke in Erlangen, 2004 Bouvier-Gonski im Rheinland sowie Campe in Nürnberg oder eine Beteiligung von 75 Prozent an der Buchhandelsgruppe Kober-Löffler im Rhein-Neckar-Raum.

2004 zog sich Jürgen Könnecke aus der Geschäftsführung zurück, blieb Thalia aber als Gesellschafter sowie als Board-

Mitglied verbunden und trug die weitere Expansion mit. Auf der Douglas-Gruppentagung in Hamburg wurde ihm von Henning Kreke, dem Sohn und Nachfolger von Jörn Kreke, der erste Ehrenpreis „Douglas-Lifestyle-Award" verliehen. Die weitere Expansion von Thalia ging unter der neu geformten Geschäftsführung von Michael Busch und Jürg Bodenmann ungebrochen weiter. Jürg Bodenmann stieß zur Thalia Gruppe, nachdem er 2003 die Walliser Buchhandlung ZAP* Zur alten Post, das buchhändlerische Lebenswerk seiner Familie und enger Weggefährten, zu zwei Dritteln in den Schweizer Teil der Thalia Gruppe eingebracht hatte und auch heute noch hält.

2006 kam die Buchhandelsgruppe Gondrom in Kaiserslautern mit 26 Filialen und einem Umsatz von 60 Millionen Euro unter das Dach von Thalia sowie eine Mehrheitsbeteiligung an der Buchhandlung Grüttefien aus Varel mit 18 Filialen in Nordwestdeutschland.

Nachdem Hugendubel sich 2006 mit der Weltbild-Gruppe zur DBH zusammengeschlossen hatte, war Thalia zeitweise nur noch das zweitgrößte Unternehmen des Branchenzweigs. Dies sollte sich 2007 mit einer großen Übernahme in Ostdeutschland ändern.

Aus dem Volksbuchhandel der DDR hatte die Treuhand 1990 die Buchhandlungen der Region Dresden und weiterer Teile Sachsens privatisiert und an die Regensburger Beteiligungsgesellschaft Thurn und Taxis verkauft. Sie unterhielt nun etwa 70 alte VEB-Läden unter dem Namen Buch & Kunst. Mit einer energischen Kostenreduzierung und Modernisierung gelang Geschäftsführer Lutz Gehrken der Turnaround[93] – eine bemerkenswerte unternehmerische Leistung. Bereits nach zwei Jahren gab es positive Ergebnisse, sodass Buch & Kunst nach der Modernisierung seiner Buchhandlungen mit der Erschließung des ostdeutschen Buchmarkts begann.

Der Druck zur Expansion stieg, als der Finanzinvestor Barclays sich 2001 eine Mehrheitsbeteiligung von 55 Prozent an Buch & Kunst sicherte. Das Unternehmen übernahm vor allem Läden in Sachsen sowie Sachsen-Anhalt und eröffnete neue Buchhandlungen. Besonders prestigeträchtig war das neue Haus des Buches in bester Lage in Dresden mit einer Fläche von mehr als 3.000 Quadratmetern, die sich zunächst auf vier, später sogar fünf Etagen verteilten. Mit dem Kauf des Essener Buchhandelsunternehmens Baedeker 2002 drängte Buch & Kunst auch auf den westdeutschen Markt. Vor allem aber erschloss das Unternehmen von Dresden aus mittelgroße ostdeutsche Städte und richtete Standorte in guten Innenstadtlagen und Einkaufszentren ein. Als Barclays sich zurückzog, übernahm Thalia zum 1. Januar 2007 die Buch & Kunst-Gruppe mit 44 Filialen und verschaffte sich damit eine herausragende Position auf dem ostdeutschen Markt.

Seit dem Jahr 2000 hatte Thalia den Umsatz mehr als verfünffacht und sich wieder an die Spitze des deutschen Buchhandels gesetzt.

Die Expansion in der Schweiz ging ebenfalls weiter. Im Oktober 2013 schlossen sich die Buchhandelsgruppen Thalia und das traditionsreiche Züricher Unternehmen Orell Füssli zusammen. Sie bündelten ihre Buchhandelsaktivitäten in der Schweiz in einer gemeinsamen Joint-Venture-Gesellschaft. An der neuen Orell Füssli Thalia AG sind die drei Gesellschafter Thalia, Orell Füssli und Hugendubel direkt und indirekt beteiligt. Thalia wurde mit 50 Prozent der größte Anteilseigner.[94]

Buchhandlung Jäggi
Basel

Als Phönix-Montanus im Jahr 2000 rund 93 Prozent übernahm, war Jäggi das zweitgrößte Buchhandelsunternehmen in der Schweiz: mit drei großen Läden und umgerechnet rund 57 Millionen DM Jahresumsatz.

Die Ursprünge des Unternehmens liegen im 19. Jahrhundert. Ab 1822 führten Christian Friedrich Spittler und Johann Gottlieb Bahnmaier die seit 1816 bestehende Buchhandlung. 1903 gelangte sie in den Besitz von Gustav Helbing und Hans Lichtenhahn. Sie gliederten einen Verlag an, der vor allem juristische und historische Publikationen herausbrachte. In den 1930er Jahren traten Heinz Helbing und Verena Lichtenhahn ins väterliche Geschäft ein. Nach dem Zweiten Weltkrieg entwickelten sie Buchhandlung und Verlag zu einem auch im Ausland anerkannten Unternehmen.[95]

1971 wurde Willy Jäggi Teilhaber. Damals hatte er sich bereits vielseitig und engagiert mit Wort und Schrift befasst: Er war Autor von Theaterstücken, später Theaterkritiker für das Basler Volksblatt, baute die Schweizerische Theaterzeitung auf und war als Verleger bei

Aufmerksamkeit garantiert:
„Elefanten-Aktion" vor der
Jäggi-Buchhandlung

S. Karger und bei der Basilius Presse tätig.[96] Inszenierungen lagen ihm, was man an seinen ausgefallenen Aktionen sehen konnte. 1971 wurde er Buchhändler – mit bemerkenswerten Kontakten: Sein Sohn Christian erinnerte sich im Gespräch mit der Basler Zeitung, wer zu Gast bei Jäggis war, Rolf Hochhuth etwa, Martin Walser, Umberto Eco, Peter Handke oder Peter Sloterdijk.[97]

Nachdem Willy Jäggi Teilhaber bei Helbing & Lichtenhahn geworden war, wurden bald darauf – im Jahr 1974 – Verlag und Sortiment getrennt und in eigene Aktiengesellschaften umgewandelt: in den Verlag Helbing & Lichtenhahn AG sowie die Buchhandlung Willy Jäggi AG, vormals Helbing & Lichtenhahn.

1977 trat Willy Jäggis Sohn Ulrich in die Firma ein, 1985 wurde er zum Direktor ernannt – und er baute das Unternehmen zur zweitgrößten Sortimentsbuchhandlung der Schweiz aus. 1992 erwarb er zwei Buchhandlungen in Waldshut und Tiengen auf dem badischen Rheinufer.[98] 1994 ging er erneut über das Basler Stammgebiet hinaus: Ulrich Jäggi übernahm die Buchabteilung des Warenhauses Loeb in Bern und baute sie zu einer der größten Buchhandlungen der Schweiz aus.

Nach der Übernahme durch Phönix-Montanus blieb er zunächst in leitender Position im Unternehmen, um den Übergang mitzugestalten. Später wurden die Schweizer Buchhandlungen durch die Geschäftsführer Hanspeter Büchler, Pascal Schneebeli und Michele Bomio weitergeführt.

78

Buchhandlung Stauffacher

Bern

1952 gründeten Hanns und Margret Stauffacher im Aarbergerhof in Bern ihre Buchhandlung. Sechs Jahre später zogen sie mit ihr in die Neuengasse um – bis heute ist das der Standort geblieben.

Als Hanns Stauffacher 1966 starb, musste sein Sohn Christian – damals war er 23 und Musikstudent – das Geschäft von einem Tag auf den anderen übernehmen. Er sprang nicht nur ins kalte Wasser, in den 1970er Jahren baute er das Geschäft auch aus. Und er lud zahlreiche Autoren ein, neben großen Schriftstellern waren Politiker und Filmstars dabei: Günter Grass kam nach Bern, ebenso der ehemalige deutsche Bundespräsident Richard von Weizsäcker, Elke Heidenreich, Peter Bichsel, Martin Walser, Paulo Coelho, Schauspielerin Brigitte Nielsen – oder Hildegard Knef, die so viele Leute anlockte, dass sie draußen auf der Straße Schlange standen.[99]

1988 eröffnete Stauffacher ein in Eigenregie geführtes Restaurant, das 1995 in Café Littéraire umbenannt wurde und bis heute unter diesem Namen zu einem Kaffee mit spannender Lektüre einlädt. In seinem Band „Die schönsten Buchhandlungen Europas", in dem Rainer Moritz Stauffacher würdigt, spricht er von der Gründung des Restaurants als Pioniertat: „ein Novum in ganz Europa zu dieser

Das Café Littèraire – in einer der schönsten Buchhandlungen Europas

Zeit". Die Buchhandlung, die ihr Café selbst betreibt, verfüge damit über einen Anziehungspunkt mit ganz eigener Note. Das Café ist nur einer verschiedener individueller Momente: eine große Buchhandlung, die mit ihrer ganz eigenen Gestaltung und Atmosphäre zum Verweilen und Schmökern einlädt.[100]

Als Phönix-Montanus im Jahr 2000 die Geschäfte übernahm, hatte Christian Stauffacher das Unternehmen mit sechs Läden zum drittgrößten Buchhandelsunternehmen der Schweiz ausgebaut. Bis heute trägt das Hauptgeschäft in Bern den Namen Stauffacher, eine Ausnahme für Thalia- bzw. Orell-Füssli-Buchhandlungen in der Schweiz. Grundlage dafür ist ein persönliches Versprechen von Michael Busch an die Familie Stauffacher.

Buchhandlung und Papeterie ZAP* Zur alten Post

Bern

Das Buchhandelsunternehmen ZAP* Zur alten Post wurde 1980 von Jürg Bodenmann zusammen mit Paul Werken gegründet und mit einem besonderen Schwerpunkt auf Papeterie zum Marktführer im oberen Wallis entwickelt. Im Jahr 2003 übernimmt die Thalia die Mehrheitsbeteiligung an der ZAP* Zur alten Post AG mit fünf Buchhandlungen. Mitbegründer Jürg Bodenmann ist bis heute als Verwaltungsratspräsident für die Orell Füssli Thalia AG tätig.

Amadeus Buchhandlungen
Linz

Das Medienhaus Amadeus wurde 1991 eröffnet. Linz „ist seit einigen Wochen Standort von Österreichs größter Buchhandlung. Ende Oktober wurde dort auf einer Gesamtfläche von 6.700 Quadratmetern das Medienhaus Amadeus eröffnet", so würdigte das Branchenorgan Börsenblatt das „moderne, attraktive, großzügige Haus mit viel Flair und Atmosphäre"[101]. Doch schon bald geriet Amadeus in Turbulenzen. Im Juni 1998 übernahm die Buch-, Papier- und Musikhandelskette Libro die Buchhandlungen des Oberösterreichischen Landesverlags – und meldete nur kurze Zeit später, im Jahr 2001, Konkurs an. Vorausgegangen war ein wilder Libro-Ritt mit großen Plänen für die Buchhandlungen, die aber nicht realisiert werden konnten. Der sensationelle Aufstieg und der schnell folgende aufsehenerregende Fall von Libro verbinden sich vor allem mit dem Namen des Chefs André Rettberg.

Die Rückkehr und die lange Phase des erfolgreichen Wachstums bis heute gelang mit Josef Pretzl. Nach seinem Eintritt bei Amadeus im Jahr 2003 waren er und Michael Busch die treibende Kraft hinter der Entwicklung zum beliebtesten Einzelhändler und zum bedeutendsten sowie auch erfolgreichsten Buchhändler in Österreich.

Das Stammhaus der Amadeus
Gruppe in Linz

Palm & Enke

Erlangen

Bereits 1815 hatte Ernst Enke die Buchhandlung seines Schwiegervaters Johann Jakob Palm übernommen und zudem einen wissenschaftlichen Verlag aufgebaut. Das Unternehmen hatte sich in der langen Zeit seines Bestehens immer wieder neu aufstellen können und erreichte in den 1990er Jahren Platz 33 unter Deutschlands erfolgreichsten Buchhandlungen. Geprägt wurde Palm & Enke lange Zeit von Ernst-W. Bork: Der ehemalige Geschäftsführer der Mayerschen in Aachen kam 1983 zu Palm & Enke nach Erlangen und machte daraus „seine" Buchhandlung. Thalia erwarb die Erlanger Buchhandelsgruppe 2002 von den Eigentümern Dr. Klaus Matthäus und Hans-Richard Bartels komplett mit den Universitätsbuchhandlungen Mencke-Blaesing und Theodor Krische sowie mit der Jenaer Universitätsbuchhandlung.

Bouvier-Gonski

Bonn, Köln, Siegburg und Hamm

Es war wieder ein Paukenschlag, dieses Mal in Nordrhein-Westfalen: Im Juli 2004 erwarb Thalia Bouvier-Gonski. Zuletzt war es das zehntgrößte deutsche Buchhandelsunternehmen gewesen. Sein Schwerpunkt lag im Raum Köln-Bonn, acht Läden gehörten dazu. Gonski war in Köln seit 1927 präsent und Bouvier in Bonn bereits seit 1828, gegründet von Maximilian Cohen und Aimé Henry. Die Familie Cohen baute im Laufe des 19. Jahrhunderts ihr Geschäft zur bedeutenden Universitätsbuchhandlung mit einem angeschlossenen naturwissenschaftlichen und philologischen Verlag aus, ab 1861 mit großer Antiquariatsbuchhandlung.

Nach 1933 geriet das Unternehmen mit dem jüdischen Namen Cohen in wirtschaftliche Schwierigkeiten, insbesondere durch den nationalsozialistisch motivierten Boykott. Hedwig Bouvier, die Witwe von Fritz Cohen, nannte die Buchhandlung in ihren Mädchennamen Bouvier um. 1938 wurde Herbert Grundmann Geschäftsführer und 1953 schließlich Alleininhaber. Ab 1967 begann er mit der Eröffnung neuer Standorte. Er engagierte sich zudem vielfältig für den Frankfurter Börsenverein, war einer der wenigen bedeutenden Sortimentsbuchhändler, die für Branchenmagazine schrieben – und er trug maßgeblich dazu bei, dass Bouvier in der Universitätsstadt Bonn mit ihren Kultur- und Politikinstitutionen eine besondere und sehr beliebte Adresse für Leser war.

Sein Sohn Thomas war seit 1969 in der Buchhandlung beschäftigt, 1981 wurde er Inhaber.

Während Herbert Grundmann in Bonn mit Bouvier seit den 1930er Jahren verbunden war, leitete

Thomas Grundmann
Foto: © privat

Heinrich Gonski seit 1927 die neu eröffnete Gilde-Buchhandlung am Kölner Neumarkt. Im Mai 1933 übernahm er sie, in den 1950er und 1960er Jahren baute er sie stark aus. Darüber hinaus war er für die Branche aktiv: Heinrich Gonski engagierte sich für den Aufbau des Buchmarkts nach 1945 und ehrenamtlich im Frankfurter Börsenverein. Er zählt auch zu den Initiatoren der Buchhändlerschule, die 1946 in Köln gegründet und 1962 nach Frankfurt am Main-Seckbach verlegt wurde.

1984 kamen die beiden Buchhandelsunternehmen Bouvier und Gonski zusammen, als Thomas Grundmann die Kölner Buchhandlung Gonski mit mehreren Filialen übernahm. Aus den Filialen wurde 1987 das ersten Kölner Buchhaus mit 3.000 Quadratmetern. In den Folgejahren traten die Buchhandlungen mit rund 60 Lesungen und Vorträgen der „Literaturbühne" im Jahr als einer der großen Veranstalter im Köln-Bonner Raum auf.

Bereits 1983 erwarb Bouvier die benachbarte Buchhandlung, Verlag und Antiquariat Röhrscheid. Auch in Siegburg wurde am Markt eine Bouvier-Filiale begründet.

1990 pachtete Bouvier 13 Buchhandlungen von der Treuhand im Großraum Berlin. Dieses Engagement musste 1993 aufgrund von Miet- und Grundstücksproblemen aufgegeben werden.

Buchhaus Campe

Nürnberg

1805 gründete Friedrich Campe in Nürnberg die Campe'sche Buch-, Kunst-, Musikalien- und Landkartenbuchhandlung. In der Folge engagierte er sich nicht nur für sein Geschäft, sondern vielmehr auch für die Buchbranche: Von 1825 bis 1828 war er der erste Vorsteher des Leipziger Börsenvereins. Friedrich war der älteste Bruder von Julius Campe, dem legendären Verleger Heinrich Heines in Hamburg – beide Brüder schrieben beeindruckende und bis heute wirksame Buchgeschichte.

Zwar stellte im 19. Jahrhundert die Buchhandlung ihren Betrieb ein. 1991 griff aber der Verlag Hoffmann und Campe die Tradition in Nürnberg wieder auf und gründete das moderne Buchhaus Campe,

das sich schnell zu einer der renommiertesten Buchhandlungen Deutschlands entwickelte. Es überzeugte in einem starken Konkurrenzfeld mit beidem – mit Veranstaltungen und dem Buchhandelsauftritt: Das Buchhaus Campe war beliebter Treffpunkt für Autorenlesungen, und es wurde mehrfach für seine Schaufenster- und Verkaufsraumgestaltungen sowie seine Marketingaktionen ausgezeichnet.

Geprägt wurde das Buchhaus Campe von Hans Schmidt. Er führte es zu neuer Blüte und integrierte das 1.800 Quadratmeter große Ladengeschäft 2004 erfolgreich in die Thalia-Familie.

Buchhandlung Kober-Löffler
Mannheim und Ludwigshafen

Die älteste unter den Traditionsbuchhandlungen, mit der Thalia in den ersten Jahren des neuen Jahrtausends in Deutschland zusammenging, war Kober-Löffler mit dem geschäftsführenden Gesellschafter Andreas Klingel.

1766 war die (Hof-)Buchhandlung Tobias Löffler gegründet worden, die Buchhandlung Kober im Jahr 1945. 1970 übernahmen Peter Klingel, der Vater von Andreas, und seine Ehefrau die kleine technische Fachbuchhandlung Kober. 1978 folgten die zwei Löffler-Filialen – und dann kam eine große Weiterentwicklungs- und Aufbauphase: Das Unternehmen wuchs von 1979 bis in die 1990er Jahre kontinuierlich und wurde zum Marktführer im Rhein-Neckar-Kreis.

Das Familienunternehmen Kober-Löffler suchte Anfang der 2000er Jahre einen Partner für seine Buchhandlungen. Thalia engagierte sich und erwarb 2004 75 Prozent des Geschäfts. Andreas Klingel blieb Geschäftsführer und übernahm zusätzlich die Verantwortung für das Vertriebsgebiet Süd-West bei Thalia. Im November 2005 kamen dann die Fachbuchhandlung Löffler und das allgemeine Sortiment Buch Kober am Paradeplatz in Mannheim zusammen: unter dem wunderbar passenden Slogan „Einstein trifft Peter Pan am Paradeplatz". 2011 erwarb Thalia die restlichen Anteile des Buchhandelsunternehmens.

Andreas Klingel 2019 in
der Stadtbuchhandlung
Mannheim N2
Foto: © privat

Buchhandlung Gondrom

Kaiserslautern

Der Hauptsitz der Buchhandlung Gondrom lag in Kaiserslautern und ging auf die Buchhandlung E. Lincks-Crusius zurück. Gegründet hatte sie Eugen Crusius am 1. September 1881. Als sein Mitarbeiter Karl Krauß sich selbstständig machte und seine Buchhandlung ebenfalls Crusius nannte, führte er für sein Geschäft den Namen seiner verheirateten Tochter ein: Emilie Lincks-Crusius.

1965 starb Mit-Namensgeber Georg Lincks, und die Witwe verkaufte an Adolf Gondrom, den Inhaber der Jean-Paul-Buchhandlung und des Loewe Verlags, beide mit Sitz in Bayreuth.

Mitte der 1970er Jahre wurde das Unternehmen zwischen den Brüdern Reinhold und Volker Gondrom aufgeteilt: Am 1. Januar 1975 übernahm Reinhold Gondrom die Kaiserslauterer Buchhandlung, während sein älterer Bruder Buchhandlung und Verlag in Bayreuth leitete. Ab diesem Zeitpunkt entwickelten beide ihre Unternehmen unabhängig voneinander weiter und begannen, in unterschiedlichen Regionen zu filialisieren.

Innovativer Buchhandel im Südwesten

1979 baute Reinhold Gondrom die Buchhandlung in Kaiserslautern um, vergrößerte und modernisierte sie. Zudem änderte er den sperrigen Namen: Von E. Lincks-Crusius zu Gondrom.

Ein Taschenbuchladen und in der nahen Fußgängerzone die Boulevard-Filiale Gon-

Reinhold Gondrom
Foto: © privat

drom City kamen hinzu. Zugleich ging Reinhold Gondrom in andere Städte zwischen Offenbach und Baden-Baden – wobei es sein Prinzip war, jeweils Marktführer eines Ortes zu sein. Er führte die Wellness-Spezialbuchhandlung Vitao ein und entwickelte ein Franchise-Angebot unter der Marke „Librodrom".

„Vieles von dem, was er tat, war damals Neuland: Reinhold Gondrom genoss einen besonderen Ruf als sehr innovativer und neugieriger Unternehmer", erklärt der Gondrom-Geschäftsführer Michael Wetzel. „Er war der erste Buchhändler, der Franchisebuchhandlungen gründete, und er propagierte – auch das war besonders – eine ‚Geld zurück Garantie'. Das hieß, dass Kunden unkompliziert und ohne Diskussionen wieder zurückgeben konnten."

Extreme Kundenorientierung, darum ging es Reinhold Gondrom: „Die Kunden lieben – mit aller Konsequenz", so lautete sein Motto. 2001 setzte er seine Philosophie in einem 2.000 Quadratmeter großen Flagshipstore in Kaiserslautern um. „Auch dieses damals einzigartige Konzept erregte große Aufmerksamkeit weit über die Branche hinaus", so Michael Wetzel.

2002 entschieden Reinhold und Volker Gondrom, die Buchhandlungen wieder in einer Hand zusammenzuführen. Reinhold Gondrom übernahm 18 Buchhandlungen von seinem Bruder und integrierte sie erfolgreich in sein Unternehmen. Volker Gondrom konzentrierte sich in Bayreuth auf seine beiden Verlage Loewe und Gondrom.

Neue Perspektiven durch Thalia

Dann kam eine erneute Wende: Am 1. Januar 2006 übernahm Thalia die Reinhold Gondrom GmbH & Co. KG mit 26 Filialen. Der Inhaber wollte damit frühzeitig den Fortbestand seiner Buchhandlungen absichern, da eine Nachfolgeregelung innerhalb der Familie nicht möglich war. Zu diesem Zeitpunkt stand Gondrom auf Platz 8 der größten Buchhandelsunternehmen in Deutschland.

Die Reinhold Gondrom GmbH & Co. KG ist seit der Übernahme sehr stark gewachsen. Zum 1. Oktober 2021 wurde sie in Thalia Deutschland GmbH umbenannt.

Den Übergang begleitete der langjährige Gondrom-Geschäftsführer Michael Wetzel. Nach dem Inhaberwechsel wurde er Vertriebs-Direktor bei Thalia für den Süden und gestaltete die weitere Entwicklung des Unternehmens erfolgreich mit.

Buchhandlung Grüttefien
Varel

1952 hatten Jens-Peter Grüttefiens Eltern eine Buchhandlung übernommen. Erste Filialen wurden ab 1970 in Brake und Bad Zwischenahn eröffnet, später unter anderem in Westerstede, Bremerhaven, Aurich, Leer und Cuxhaven sowie in Bremen. 2006 erwarb Thalia 50,1 Prozent des Unternehmens Grüttefien mit 18 Buchhandlungen. Die Gesellschafter Jens-Peter Grüttefien und sein Sohn Sven blieben Geschäftsführer.

Die besondere Expertise der Grüttefiens war immer die Papeterie, die Abteilungen waren auf dem Niveau eines Top-Fachgeschäfts. Von diesem Wissen und der Erfahrung hat Thalia entscheidend beim Ausbau dieses Segments profitiert.

Buch & Kunst

Dresden

Abenteuerliche Auf- und Umbaujahre lagen hinter Buch & Kunst, als das Unternehmen Anfang 2007 zu Thalia kam. Buch & Kunst ging auf den Volksbuchhandel in Dresden zurück und war gleich nach der Wende entstanden. 1991 wurde Lutz Gehrken Geschäftsführer: Ein branchenfremder, aber zupackender Chef, der sich engagiert in sein neues Umfeld einarbeitete und das Unternehmen mit seinen veralteten, unrentablen Läden modernisierte. „Mietverträge waren ungeklärt, Dächer undicht, Heizungen kaputt, Registrierkassen auf DDR-Mark eingestellt, und es gab nur zwei Telefonapparate: einen für den Geschäftsführer und den anderen für den Betriebsrat", erinnert er sich. „Es gab also sehr viel zu tun."[102] 70 Buchhandlungen gehörten Anfang der 1990er Jahre zum Unternehmen – „viele aber eben in einem schlechten Zustand, am falschen Standort, in der falschen Größe". Lutz Gehrken musste Geschäfte schließen. Gleichzeitig entwickelte er gemeinsam mit einem Ladenbauer ein modernes Buchhandelskonzept und eröffnete bereits 1993 die erste neue Buchhandlung.

„Innerhalb von zwei Jahren war Buch & Kunst konsolidiert", resümiert er. „Schon 1995 expandierten wir über das sächsische Kerngebiet hinaus. Eine Zeit lang eröffneten wir pro Jahr acht Läden neu."

2007 übernahm Thalia das Ruder und Lutz Gehrken blieb bis zu seinem Ruhestand im Jahr 2013 Geschäftsführer.

Mit-Geschäftsführer bei Buch & Kunst war Tom Kirsch. Seine Laufbahn hatte 1987 im DDR-Volksbuchhandel begonnen. 2008 wurde er Geschäftsführer der Thalia Service GmbH. Bis er das Unternehmen im Jahr 2017 verließ, trug er wesentlich zur Stärkung der kaufmännischen Grundlagen auf der Beschaffungsseite bei.

BUCHLIEBE

[buːxliːbə]

Innige Beziehung mit der Welt der Geschichten. Geht einher mit der Empfindung großer Gefühle wie Nervenkitzel, Freude, Herzenswärme, Aha-Erlebnissen und mehr. Ist so stark, dass sie Buchliebenden Mut macht, eigene Sichtweisen zu hinterfragen und über sich hinauszuwachsen.
Vergleiche: Welt, bleib wach.

 Thalia

Orell Füssli

Zürich

500 Jahre reichen die Wurzeln von Orell Füssli zurück – bis zu Christoph Froschauer: Am 9. November 1519 erhielt der aus Bayern zugewanderte Buchdrucker das Bürgerrecht der Stadt Zürich und wurde erster offizieller Drucker der Stadt. Seine herausragende Arbeit war die vom Reformator Huldrych Zwingli ins Deutsche übersetzte „Zwingli-Bibel".

1626 übernahmen der Goldschmied Johann Jakob Bodmer und seine Familie Druckerei und Verlag von Froschauers Erben. Nachdem schließlich aber Hans Heinrich Bodmer wegen Protesten gegen die Züricher Obrigkeit verbannt worden war, führte ab 1766 Rudolf Füssli die Verlagsdruckerei Bodmer fort. Bereits 31 Jahre zuvor – im Jahr 1735 – hatte Hans Conrad von Orelli den Verlag Conrad Orell & Co gegründet; 1761 beteiligte sich der Dichter Salomon Gessner. 1770 fusionierten die beiden wichtigsten Verlage der Aufklärung in Zürich zu Orell, Gessner, Füssli & Co.

1777 wurde das Haus zum Elsässer in der Züricher Altstadt Firmensitz, dort betrieb das Unternehmen auch die größte Buchhandlung der Stadt Zürich. Ebenso spielte das Zeitungswesen eine wichtige Rolle: Orell Füssli druckte die Neue Zürcher Zeitung, die erstmals am 12. Januar 1780 erschien.

Verlag, Buchhandlung und Druckerei

Nachdem 1789 Gessners Erben aus der Firma ausgeschieden waren, wurde das Unternehmen zu Orell, Füssli & Co. 1817 wurde Johann Heinrich Füssli zum alleinigen Inhaber und beteiligte seinen Angestellten Johann Hagenbuch. Der Firmenname Orell, Füssli & Co. blieb bestehen.

In der Folgezeit wuchs Zürich zum wirtschaftlichen Zentrum der Schweiz heran – und Orell Füssli wurde dank neuester Drucktechnologien und hoher Qualität zur bevorzugten Druckerei der großen Züricher Firmen. 1832 übernahm Johann Hagenbuch sämtliche Anteile von Füsslis Erben. Auch er behielt den Namen Orell, Füssli & Co. bei. Unter seiner Ägide druckte das Unternehmen 1843 die ersten Briefmarken auf dem europäischen Kontinent und 1848 die erste Banknote.

Nachdem Johann Hagenbuchs Enkel Heinrich und Paul F. Wild 1863 das Unternehmen übernommen hatten, entwickelte Orell Füssli die Kolorierung von Schwarz-Weiß-Fotografien bis hin zur Marktreife. Grundlage war der stark wachsende Schweiz-Tourismus, der Ansichtskarten zu einem bedeutenden Geschäftsfeld machte. 1890 wurde Orell, Füssli & Co. in die Aktiengesellschaft Art. Institut Orell Füssli AG umgewandelt. Seit 1897 ist die Aktie an der Zürcher Börse kotiert.

Marktführer in der Schweiz

1920 übernahm die Unternehmerfamilie Bührer-Guhl bis 1991 über drei Generationen die Aktienmehrheit – das Unternehmen konnte die Herausforderungen des 20. Jahrhunderts meistern und sich immer wieder neu aufstellen.

1991 wurde die Schweizerische Nationalbank größte Einzelaktionärin. Der Buchhandel wurde zu einer eigenständigen Aktiengesellschaft, an der sich der deutsche Buchhändler Hugendubel beteiligte. 1995 reduzierte das stark diversifizierte Unternehmen aus strategischen Gründen seine Geschäftsfelder, indem es den Akzidenzdruck und Zeitschriftenverlag aufgab. 1999 wurde das Unternehmen zur Orell Füssli Holding AG und konzentrierte sich auf die Kernbereiche Sicherheitsdruck, Buchverlag und Buchhandel. Ebenfalls 1999 ging die Orell Füssli Buchhandlungs AG mit books.ch online.

Als Phönix-Montanus im Jahr 2000 Jäggi in Basel und Stauffacher in Bern übernommen hatte, war Orell Füssli als Marktführer in der Schweiz abgelöst worden. 2019 feiert Orell Füssli seine 500-jährige Unternehmensgeschichte und gehört damit zu den ältesten noch existierenden Unternehmen der Welt.

Orell Füssli und Thalia

Aufbruch zu neuen Ufern

13 Jahre später aber, nachdem Thalia im Jahr 2000 Orell Füssli als Schweizer Marktführer abgelöst hatte, wurden die beiden Buchhandelsunternehmen zu Partnern: Im Oktober 2013 schlossen sie sich – mit je 50 Prozent – zur Orell Füssli Thalia AG zusammen, um sich gemeinsam gegen den Wettbewerb im Online-Handel zu behaupten. Unter dem gemeinsamen Dach Orell Füssli Thalia wurde das Unternehmen erneut Marktführer in der Schweiz. Zum Verwaltungsrat gehörten: Michel Kunz, Präsident (Orell Füssli Holding AG), Jürg Bodenmann, Vizepräsident (Thalia Bücher AG), Michael Busch (Thalia Holding GmbH) und Maximilian Hugendubel (Orell Füssli Buchhandlungs AG).

Nach der Fusion im Jahr 2013 hatten beide Partner zusammen 26 Filialen mit rund 1.000 Mitarbeitern in der Schweiz. Das Duo Jürg Bodenmann (Verwaltungsratspräsident) und Pascal Schneebeli (CEO) bauten das Buchhandelsunternehmen sukzessive über alle Kanäle hinweg aus – zuletzt zum Jahreswechsel 2018/19 durch die Übernahme des B2B-Bieters Delivros.

Buchhandlung Wittwer

Stuttgart

Stuttgarts erste Buchhandlung

Konrad Wittwer legte 1867 den Grundstein für Stuttgarter Familientradition: für den „Platzhirsch" der schwäbischen Metropole. 2017 konnte der 150. Geburtstag des Buchhandelsunternehmens Wittwer gefeiert werden.

Büchern war Konrad Wittwer von Anfang an eng verbunden: 1858 begann der spätere Gründervater als 16-Jähriger seine Lehre beim Buchhändler Oetinger in Stuttgart. Von 1862 bis 1864 war er in der Buchhandlung Ulrici in Karlsruhe tätig. Wenig später übernahm er die Mannheimer Buchhandlung Fecht.

Bald schon zog es ihn aber nach Stuttgart zurück. Im Börsenblatt des Deutschen Buchhandels verkündete er, dass er am 1. September 1867 den „Verlag für Kunstgewerbe und Technik, C. Uhler" erworben habe. Ein Jahr später eröffnete er eine Sortimentsbuchhandlung in der Nähe der aufstrebenden Baugewerbeschule.

Aber auch das war noch nicht alles: Ab 1873 gab Konrad Wittwer die „Zeitschrift für Vermessungswesen" heraus. Dazu kamen erfolgreiche Fachpublikationen über Glasmalerei, Architektur, Geschichte, Landwirtschaft und Tiermedizin. 1878 erschloss er als Pionier ein weiteres Geschäftsfeld: Weil der Bahnhof immer belebter wurde, boten Wittwers Mitarbeiter auf eigens konstruierten Handwagen Zeitungen und Zeitschriften an. Zudem eröffnete er einen fachspezifisch ausgerichteten Buchladen an der Landwirtschaftlichen Hochschule in Hohenheim.

Nach dem Tod des Gründers im Februar 1914 übernahmen die drei Söhne Konstantin, Max und Franz: Sie brachten die Familienfirma durch die schwierigen Jahre des Krieges und der Weimarer Zeit. Weil die Menschen nur wenig Geld für beschauliche Literatur übrig hatten, besann sich der Verlag auf praktische Werke über Geodäsie, Mathematik und Bauingenieurwesen – Stuttgarts Bedeutung als Stadt der Architekten und der Ingenieure nahm selbst in den schwierigen 1920er Jahren stetig zu.

Das Unternehmen blieb in Bewegung und immer am Puls der Zeit, betrieb in den 1930er Jahren etwa auch Kioske, in denen Zeitungen und Zeitschriften verkauft wurden. Schließlich wurde Stuttgart aber im Juli 1944 schwer von Bomben getroffen, das Stammhaus der Familie Wittwer an der Schlossstraße zerstört.

Wiederaufbau und kontinuierliches Wachstum

Am Ende des Zweiten Weltkriegs erschienen die Perspektiven nicht besonders positiv: Franz Konrad Wittwer befand sich noch in französischer Gefangenschaft. Sein Onkel Konstantin – einer der drei Söhne des Firmengründers – starb im Juni 1945. Die Verwaltung des Unternehmens war notdürftig an der Hasenbergsteige im Süden Stuttgarts untergebracht und teilweise nach Schwäbisch Gmünd ausgelagert.

Weil die Wittwers politisch unbelastet waren, durften sie bereits Anfang 1946 wieder Bücher verkaufen und verlegen. Während der ersten Nachkriegsjahre – von 1945 bis 1951 – arbeitete Konrad Adolf Wittwer als Staatsrat in der Landesregierung von Reinhold Maier, dem ersten Ministerpräsidenten Baden-Württembergs. Die Familiengeschäfte leitete in dieser Zeit die Schwester Lore Konz-Wittwer. Insgesamt war sie über fünfzig Jahre im Unternehmen tätig.

Der Wiederaufbau gelang: Das Haus Wittwer kam zu neuer Blüte und vergrößerte sich. Ein neues Stammhaus wurde 1969 in der Königstraße 30 am Schlossplatz von Konrad P. Wittwer eingeweiht.

Das Wachstum der Branche und der Erfolg des Unternehmens spiegelten sich in der Verkaufsfläche der Buchhandlung, die im Lauf der Jahre auf über 3.000 Quadratmeter stieg. Das Unternehmen entwickelte sich auch darüber hinaus weiter: So wurde unter anderem 1999 die Wittwer-Filiale im Breuningerland Ludwigsburg eröffnet, 2001 eine weitere Filiale im Breuningerland Sindelfingen.

Neustart mit Thalia

Bereits 1990 hatte Michael Wittwer die florierenden Bahnhofsbuchhandlungen übernommen. Er führte die rund 30 Geschäfte mit geschickter Hand – bis die Wittwers im Jahr 2008 einen harten Schnitt beschlossen und diese Sparte an den Branchenprimus Valora Retail verkauften. Eine richtige Entscheidung, so sah es auch Konrad Martin Wittwer: „Mein Bruder hat damals vorausgesehen, dass es für uns immer schwieriger werden würde, die Buchhandlungen in den Bahnhöfen rentabel zu halten. Dazu kamen die Unwägbarkeiten mit Stuttgart 21."

Nach dem Tod Michael Wittwers führte sein Bruder Konrad Martin das Geschäft weiter. 2017 konnte der 150. Geburtstag des Unternehmens gefeiert werden, das in fünfter Generation in Familienbesitz war: Stuttgarts „Platzhirsch", wie die Buchhandlung liebevoll anerkennend genannt wurde. Ein Jahr später übernahm Thalia die drei Wittwer-Standorte Stuttgart Königstraße, Breuningerland Ludwigsburg sowie Breuningerland Sindelfingen.

Bereits vorher hatte Konrad Martin Wittwer angekündigt, sich aus dem operativen Geschäft zurückziehen zu wollen. Dann aber ging die Familie einen Schritt weiter, um den gravierenden Transformationen des Buchhandels standhalten zu können: „Wir haben uns dafür entschieden, mit dem Generationenwechsel auch einen Wechsel des Geschäftsmodells vorzunehmen, und sehen die besten Chancen für unser Vorhaben im Zusammenschluss mit Thalia." Zu diesem Zeitpunkt führte das Branchenmagazin „buchreport" Wittwer als den größten deutschen Buchhandels-Solisten: mit einem Umsatz von 27,1 Millionen Euro.

Die Übernahme durch Thalia war ein Umbruch, der zugleich Kontinuität bedeutete: Der langjährige Geschäftsführer Rainer Bartle wurde auch nach der Übernahme an der Leitung des Geschäfts beteiligt. Zudem sollten rund 100 Arbeitsplätze langfristig in den drei übernommenen Buchhandlungen erhalten bleiben, die heute unter dem Namen Wittwer-Thalia firmieren.

„In einer Zeit, in der die Digitalisierung und das geänderte Medienverhalten der Leser die Buchbranche gravierend verändern, bieten sich auch für alteingesessene Traditionshäuser wie Wittwer neue Möglichkeiten, wenn sie sich mit größeren Partnern zusammentun." Konrad Martin Wittwer

buch.de – digitaler Wandel
bei Thalia

Über den längsten Zeitraum der Thalia Firmengeschichte zählte das Buch zu den unbestrittenen gesellschaftlichen Leitmedien. Mit dem Siegeszug des Internets scheint dieser Status ins Wanken geraten zu sein. Die Folge war ein grundlegender und noch längst nicht abgeschlossener „Paradigmenwechsel im Sortimentsbuchhandel".[103]

Bereits 1998/99 stieg Phönix-Montanus in den Online-Handel ein und beteiligte sich zunächst mit 14 Prozent am Internethändler buch.de. Später übernahm Thalia sukzessive mehr Anteile an dem Internetbuchhändler. Im März 2015 wurde buch.de schließlich mit der Thalia Holding verschmolzen. Die Kooperation mit buch.de war für Thalia ein wichtiger Schritt in den E-Commerce. 1998 war das Start-up-Unternehmen in der Hochzeit der New Economy in Münster gegründet worden und entwickelte sich schnell zu einem erfolgreichen Akteur der Online-Wirtschaft. Michael Busch agierte hier weitsichtig: Als sich abzeichnete, dass sich das Internet zu einer Handelsplattform von erheblicher Bedeutung entwickeln würde, versuchte man nicht, ein eigenes Online-Standbein aufzubauen, sondern beteiligte sich an dem bereits etablierten Player. 2001 kam dann buch.ch in der Schweiz hinzu. Der führende Schweizer Online-Buchhändler wurde von der Familie Schneebeli aufgebaut. Erworben wurde buch.ch allerdings von der Jäggi-Stauffacher AG und war ab dann ein Teil der Schweizer Erfolgsgeschichte. Die zentralen Rollen spielten Albert Hirsch in Deutschland und Pascal Schneebeli in der

Schweiz, der später auch die Führung von Orell Füssli-Thalia übernahm und das Unternehmen bis heute führt.

Mit der Verbreitung des Internets und dem Siegeszug des Smartphones stieg die Nachfrage nach E-Books und Lesegeräten. 2007 stellte Amazon in den USA seinen E-Reader Kindle vor: Er konnte bis zu 1.500 Bücher speichern, die nur über Amazon erworben werden konnten. Ab Oktober 2009 war die amerikanische Version des Kindle auch in Deutschland verfügbar, bis Ende 2009 wurden weltweit vermutlich drei Millionen dieser handlichen Geräte verkauft. Im Sommer 2010 veräußerte Amazon in den USA mehr Kindle- als Hardcover-Bücher.[104]

Vor dem Hintergrund dieser Entwicklung setzte sich Michael Busch gegen größte Widerstände im eigenen Haus im Frühjahr 2010 das Ziel, ein eigenes Lesegerät zu entwickeln. Strategischer Partner und Hauptgesellschafter wurde das Essener Unternehmen Medion mit seinem Geschäftsführer Gerd Brachmann.

Schon zum Weihnachtsgeschäft 2010 war mit Unterstützung der Unternehmensberatung McKinsey, unter der Leitung von Jürgen Meffert und mit internationalen Buchhandelspartnern, mit dem Oyo 1 der erste E-Reader eines deutschen Buchhändlers erhältlich. „Unsere Mitarbeiter trugen sich selbst und unsere Kunden über die digitale Schwelle – ein riesiger Kraftakt des gesamten Unternehmens", so Michael Busch.

Befürchtungen, dass mit dem Markteintritt des elektronischen Lesegeräts der Verkauf von analogen Büchern zurückgehen würde, erwiesen sich bald als unbegründet: Viele Kunden entwickelten sich zu Hybridlesern, die E-Books, zusätzlich aber weiterhin gedruckte Bücher kauften.

Um mit der Entwicklung standzuhalten, erwarb Thalia im August 2011 mit der Berliner textunes GmbH einen führenden Anbieter von E-Books und E-Book-Apps. Neben direkten Umsetzungen von gedruckten Büchern hatte das Start-up-Unternehmen damals bereits Enhanced E-Books für Smartphones und Tablets erstellt. Im selben Jahr kam der Oyo II auf den Markt. Wegen technischer Probleme und Lieferschwierigkeiten setzte sich dieses Gerät nur bedingt durch und wurde im nächsten Sommer durch die bald folgenden Bookeen-Lesegeräte ersetzt.

Im Zuge der Oyo-Kooperation entstand ein dynamisches internationales Netzwerk aus Buchhandelsfirmen, die durch Austausch und offene Diskussion voneinander lernten und sich gegenseitig bei aktuellen Branchen- und Zukunftsfragen voranbringen konnten. Das war ein kooperatives Gegenmodell zu den Vormachtansprüchen von vor allem nordamerikanischen Technologieunternehmen, die auf vielen Feldern nach dem Motto „Wir geben nichts, und wir brauchen niemanden" tätig sind und entsprechend von der Wertschöpfungskette allein profitieren wollen.

Mit dem von Michael Busch initiierten „International Booksellers Summit" hat dieses Netzwerk inzwischen eine Verstetigung erfahren. Jedes Jahr finden eintägige Treffen im Vorfeld der Frankfurter Buchmesse statt und zudem ein Workshop in den Ländern der nationalen Marktführer. Aus jedem Unternehmen sind der CEO und eine weitere Person an diesen Runden dabei. Zu den beteiligten Firmen zählen Standaard Boekhandel (Belgien), Empik (Polen), Waterstones (Großbritannien), Eason & Son (Irland), Feltrinelli (Italien), Ark (Norwegen), Bertrand Círculo (Portugal), Casa del Libro (Spanien), Saraiva e Siciliano (Brasilien), Diverta (Rumänien) und Actissia (Frankreich).

Der Weg ins Internet

Heute führen bei Thalia verschiedene Wege zum Buch, analog wie online. Bei den ersten Schritten hin zu digitalen Angeboten war Gerrit Heinemann dabei: mit buch.de, der Online-Plattform, mit der Thalia den E-Commerce begann.

Wann ging es los mit Thalias Internet-Geschäft?
Die ersten Überlegungen gab es Mitte der 1990er Jahre,
ich war damals in der Douglas-Gruppe als Geschäftsführer der Drospa Holding tätig. Es wurde entschieden, mit
den Parfümerien anzufangen. Darüber hinaus wurde
etwas später im Buchbereich beschlossen, sich an der
buch.de internetstores AG zu beteiligen.

Das klingt sehr verhalten.
Das war es auch. Das Internet war noch neu, und kaum
jemand nahm es richtig ernst. Auf der anderen Seite er-
zielten Start-ups irrsinnige Unternehmenswerte. Eine
enge Verbindung von Buch und Internet konnte man sich
anfangs nicht vorstellen, das änderte sich aber bald. Die
buch.de AG entwickelte sich stetig weiter, erwarb das
deutschsprachige Geschäft von bol.com und übernahm
schließlich auch als Online-Plattform bzw. Omni-Chan-
nel-Dienstleister für Thalia die Verkaufsaktivitäten im
Internet. Als das Interesse daran wuchs, wurde buch.de
schließlich komplett mit Thalia verschmolzen und dort
integriert. Auf dieser Basis konnte die aktuelle Omni-
Channel-Strategie entwickelt werden.

Was verbirgt sich hinter diesem Begriff?
Omni-Channel meint die Verbindung des analogen mit
dem Online-Geschäft. Sie eröffnet dem Kunden eine
Vielzahl von Möglichkeiten. Alles, was man in der Buchhandlung tun kann, geht auch online und umgekehrt:
Information, Bestellung, Kauf. Darüber hinaus lassen
sich Omni-Channel-Services anbieten, die der Kunde
heute erwartet, unter anderem Verfügbarkeitsabfrage,

Artikelreservierung oder Click & Collect, das heißt online recherchieren und kaufen, die Ware aber im Geschäft abholen.

Welche Herausforderungen gab es bei der Multi-Channel-Entwicklung?

Es sind in diesem Bereich vor allem erst einmal technische Herausforderungen, die mit hohen Investitionen verbunden sind. Das war auch bei Thalia die größte Herausforderung. Aber noch etwas anderes kommt dazu: Der Buchhandel sieht seine Kernkompetenz in der Beratung, im direkten Gespräch mit dem Kunden, also eigentlich gerade nicht im Online-Geschäft, und das muss man zusammenbringen. Hier gilt es, vor allem beim Stammpersonal in den Geschäften ein „digitales Verständnis" sowie einen Kulturwandel zu schaffen.

Warum halten Sie Online-Strategien für sehr wichtig?

Amazon übt starken Druck auf die Buchbranche aus. Zudem hat sich das Kaufverhalten insgesamt verändert. Die Frequenz in den Innenstädten lässt deutlich nach, weniger Kunden gehen in Geschäfte. Man macht auf der Fläche im Vergleich zu den letzten Jahren weniger Umsatz, dafür aber online mehr. Unterm Strich kann man als Buchhändler nur gewinnen, wenn man auch erfolgreich Bücher über das Internet verkauft und die Kanäle lückenlos miteinander verknüpft.

Wie könnte es mit dem E-Commerce bei Thalia weitergehen?
Ein wichtiger Schritt war die Einführung der Scan & Go-App bei Thalia, die das Web-basierte Einkaufen im Laden ermöglichte. Der Kunde hat ein Thalia-Konto und muss niemanden mehr ansprechen: Er kann ein Buch aus dem Regal nehmen und einfach über die App bezahlen. Darüber hinaus könnte der Einsatz künstlicher Intelligenz dabei helfen, den Kunden datenbasierte und damit treffgenauere Buchempfehlungen zu geben.

Das würde sich aber noch einmal sehr weit von dem entfernen, was Buchhandel sein will und kann: persönliche Begegnung und Beratung.
Dennoch: Stationärer Handel muss sich radikal ändern, nur dann hat er eine Chance. Aus meiner Sicht war Thalia etwas zu stark analog unterwegs, dabei allerdings auch noch im Hinblick auf die Zukunft zu sehr mit dem stationären Geschäft verhaftet. Tatsächlich orientieren sich Kunden aber zunehmend digital. Hier gab es im Verlaufe der Coronapandemie einen massiven Shift, der bei Thalia zu einer deutlichen Geschäftsmodellveränderung hin zu Digital geführt hat.

Prof. Dr. Gerrit Heinemann lehrt BWL, Management und Handel an der Hochschule Niederrhein in Mönchengladbach, wo er das eWeb Rersearch Center gründete und leitet. Er war unter anderem Zentralbereichsleiter Marketing der Douglas-Holding, Warenhaus-Geschäftsführer bei Kaufhof sowie lange Jahre stellvertretender Aufsichtsratsvorsitzender bei der buch.de AG.

TEIL 3

KONSOLIDIEREN

Die idealen Partner finden

Aufbruch aus der Krise

Das stationäre Geschäft entwickelte sich neben dem digitalen kontinuierlich weiter. Im Jahr 2009/2010 beschäftigte Thalia in 289 Buchhandlungen in Deutschland, Österreich und der Schweiz über 5.000 Mitarbeiter und erwirtschaftete einen Umsatz von knapp einer Milliarde Euro. Allerdings war die Buchbranche nach 2005 durch den Online-Händler Amazon zunehmend unter Druck geraten. Die Auswirkungen auf Umsatz und Ergebnis wurden langsam deutlich. Im Mai 2011 bremste Thalia, dem Wettbewerber DBH folgend, beim Wachstum und dachte nun über Flächenreduzierung nach. Im Verlauf des Jahres 2012 wurde deutlich, dass es für den Buchhändler so nicht weitergehen konnte. Die Krise von Thalia als zweitgrößtem Unternehmen der Gruppe brachte die gesamte Douglas Holding in Bedrängnis. Angesichts der schlechten Zahlen wurden Investoren und Gesellschafter nervös, und der Börsenkurs brach ein, weil Analysten eine noch größere Krise erwarteten.

Dr. Henning Kreke, der Vorstandsvorsitzende der Douglas Holding AG, kündigte daher in der Douglas-Hauptversammlung 2012 eine Restrukturierung an. 15 der 300 Läden, die „dauerhafte Verluste verursachen", sollten geschlossen und viele Buchhandlungen verkleinert werden.[105] Für die Sanierung von Thalia wurden Rückstellungen von rund 40 Millionen Euro gebildet und hohe Abschreibungen vorgenommen.[106]

In dieser Sanierungssituation nutzte die Familie Könnecke ihre seit dem Zusammenschluss 2001 bestehende Put-Option, verkaufte 2012 ihren 25-Prozent-Anteil an der Thalia Holding GmbH an Douglas und zog sich aus dem Unternehmen zurück.[107] Jürgen Könnecke nahm Abschied von seinem Lebenswerk. Am 16. Mai 2012 wurde er im Anglo-German Club in Hamburg durch Henning Kreke und Michael Busch verabschiedet. Der Douglas-Vorstand und das gesamte Thalia Führungsteam waren anwesend, um Jürgen Könnecke zu danken und ihm alles Gute für die Zukunft zu wünschen.

Lediglich zwei Thalia Buchhandlungen in Hamburg-Volksdorf, im Einkaufszentrum Weiße Rose und das Geschäft im Herold-Center in Norderstedt bei Hamburg, werden als Franchise-Unternehmen unter dem Namen Thalia weiterhin von Kirsten Könnecke geführt.[108]

2012 fand die Unternehmerfamilie Kreke mit dem private Equity Fonds Advent International einen neuen strategischen Partner. Im Rahmen der Neuausrichtung wurden die Unternehmenssparten Schmuck, Textil und Süßwaren verkauft, um sich ganz auf das Kerngeschäft Parfümerie zu konzentrieren. Für die Buchhandelssparte fand sich allerdings eine andere Lösung. Mit großem Rückhalt von Advent – vor allem von Ralf Huep und Ranjan Sen – wurde Thalia einer konsequenten Restrukturierung aus eigener Kraft unterzogen. Wiederum mit Unterstützung von McKinsey, dem Unternehmen, das bereits am Aufbau des Digitalgeschäfts für

Würdevolle Verabschiedung: Dr. Henning Kreke und Michael Busch bedanken sich herzlich bei Jürgen Könnecke.

Thalia großen Anteil hatte. Im Vordergrund der Restrukturierung stand nicht die Kosten-, sondern eine Wachstumsorientierung. Michael Busch beschreibt diesen Prozess in der Rückschau als außerordentlich konstruktiv und prägend für die weitere Unternehmensentwicklung. „Der Plan sah vor, dass wir noch einmal Liquidität bekommen, und damit mussten wir haushalten. Uns war klar, dass es schwer für Thalia wird. Trotzdem war es ein heilsamer Prozess."

In diese Zeit fiel ein für die jüngere Thalia Firmengeschichte zentrales Kapitel: die Bildung der tolino-Allianz. Da Amazon mit seinem Kindle immer größere Marktanteile gewann und die Entwicklung eines verbesserten Lesegeräts erhebli-

Gründungspartner der tolino Allianz: Carel Halff, Weltbild;
Stephan Wolfram, Telekom; Anita Offel-Grohmann, Bertelsmann;
Michael Busch, Thalia; Nina Hugendubel, Hugendubel (v.l.n.r.)

AUFBRUCH AUS DER KRISE

che Investitionen erforderte, gingen die Buchhändler Thalia, Club Bertelsmann, Hugendubel und Weltbild einen ungewöhnlichen Schritt: Sie gründeten die tolino-Allianz, um mit der Telekom als technischem Partner eine eigene E-Reading-Lösung zu finden.

Als im März 2013 die ersten tolino Reader in den Buchhandlungen verkauft wurden, waren Mitarbeiter und Kunden begeistert. Das neue Gerät wurde von den Händlern und der Telekom intensiv beworben und entwickelte sich bald zum führenden E-Reader auf dem deutschen Markt. tolino gewann schnell Marktanteile, weil das Gerät stetig technisch weiterentwickelt wurde und zu einer Produktfamilie rund um E-Reader und Tablet-PCs wuchs. Im Oktober 2014 schloss sich der Buchgroßhändler Libri der Allianz an. 2015 kamen auch die Mayersche Buchhandlung und Osiander hinzu. Thalia als Gründer spielte in der Allianz bei den Diskussionen über die Gestaltung und Zukunftsstrategie weiterhin die führende Rolle.[109]

Thalia stellt sich neu auf

Bereits 2014, etwa zwei Jahre nach Beginn der Restrukturierung, war Thalia wieder in eine Rentabilität zurückgekehrt, die für ein buchhändlerisches Unternehmen vernünftig ist.

2016 übernahm ein Konsortium aus der Verlegerfamilie Herder als Mehrheitsgesellschafter, der erfahrenen Händler-Familie Kreke, dem Digitalunternehmer Leif Göritz und der Familie des langjährigen Geschäftsführers und Architekten der erfolgreichen Wachstums- und Branchenkonsolidierungsstrategie Michael Busch das Unternehmen Thalia.[110]

Die Buchbranche nahm mit Wohlwollen zur Kenntnis, dass sich mit Manuel Herder ein Vertreter der traditionsreichen Freiburger Verlegerfamilie engagierte. Nachdem Herder die eigenen Buchhandlungen 1996 an Phönix-Montanus verkauft hatte, kamen sie nun zurück in den Besitz der Familie. Manuel Herder wollte neben dem Verlagsgeschäft wieder ein starkes Standbein im Buchhandel aufbauen.[111]

Mit der erfolgreichen Händler- und Investorenfamilie Kreke gab es einen finanziell starken, verlässlichen und strategisch denkenden Partner, der von den guten Wachstumsperspektiven des stationären Buchhandels überzeugt war.

Der Wirtschaftswissenschaftler Leif Göritz verfügte über langjährige Erfahrung in der digitalen Transformation von Unternehmen. 2014 hatte er mit der Verlegerfamilie Herder bereits die Berliner App-Agentur Smart Mobile Factory übernommen.[112] Er sollte Thalia auf dem weiteren Weg der Digitalisierung voranbringen.

Michael Busch sorgte als CEO für Kontinuität; seine Familie gehörte nun auch zum Gesellschafterkreis. Als geschäftsführender Gesellschafter erklärte Michael Busch 2016: „Wir begründen heute eine unternehmerische, langfristig ausgerichtete Eigentümerstruktur. Ich freue mich darauf, Thalia gemeinsam mit unseren neuen Partnern nachhaltig weiterzuentwickeln."[113]

Bücherbuben

Thalia wurde wieder zu einem Familienunternehmen. „Wir sind vier Familien, die sich kennen, schätzen und sehr gut ergänzen", erläuterte Michael Busch im Jahr 2017. „Wir alle wollen das Lesen im Leben der Menschen präsent halten und nachhaltig an Thalia beteiligt sein."[114] Gemeinsames Ziel war die erfolgreiche und langfristige Marktführerschaft. Am Anfang standen aber erst einmal hohe Zukunftsinvestitionen. „Wir werden im abgelaufenen Jahr 2016 und im laufenden Geschäftsjahr 2017 zusammen deutlich über 30 Millionen Euro in unsere Buchhandlungen sowie in den E-Commerce, in Technologien und Services investiert haben", berichtete Michael Busch im Oktober 2017. Das Erfolgsgeheimnis liegt in der Kombination, im serviceorientierten Omni-Channel-Konzept. „Wir glauben fest ans stationäre Geschäft in Kombination mit E-Commerce", so Michael Busch. „Thalia ist in beiden Kanälen kompetent."[115] Das heißt aber eben auch, dass das stationäre Geschäft ein wichtiger Bereich bleibt. Thalia steht „für den Erhalt der innerstädtischen Lesekultur, die den Menschen in den Mittelpunkt stellt", konstatiert Verleger Manuel Herder.[116] Michael Busch sekundiert: „Wir sind felsenfest davon überzeugt, dass der stationäre Buchhandel immer und auf Dauer der wichtigste und der entscheidende Vertriebskanal im Buchhandel sein wird."[117]

Manuel Herder hält den Buchmarkt für eine Zukunftsbranche und führte für seinen Optimismus in einem Interview mit dem Börsenblatt eine Reihe guter Argumente an. „Wenn Sie sehen, wie weit wir im Buchhandel mit der Digitalisierung schon vorangekommen sind, dann erkennen Sie, dass wir den meisten anderen Branchen weit voraus sind. Rückblickend betrachtet sind die Gründe dafür offensichtlich: Unser Produkt, das Buch, und unser Vertriebsweg, der Buchhandel, waren am einfachsten zu digitalisieren, und deshalb kam die Digitalisierung unerwartet schnell auf uns zu. Thalia hat es den Händlern zeitnah ermöglicht, mit dem tolino ein weltweit führendes Lesegerät anzubieten, und hat damit eine Partnerschaft angeboten, die bis heute trägt. Die Barsortimente ermöglichen es jedem Händler, eine Verkaufsseite online zu betreiben. Die Branche verfügt über eine digitale Vorschautechnologie. Welche Branche kann all das von sich behaupten?"[118]

„Willkommen daheim"

1996 verkaufte Herder drei Buchhandlungen an die Douglas-Buchhandelssparte Phönix-Montanus: ein Meilenstein für die Entwicklung des Unternehmens, das bald darauf zu Thalia wurde. 2016 setzte Herder dann mit der Mehrheitsbeteiligung bei Thalia ein Ausrufezeichen: Die Familie glaubt an den stationären Buchhandel und an Thalias partnerschaftlichen Ansatz.

Herder hat eine lange Verlagstradition: Bartholomä Herder verlegte die ersten Bücher im Jahr 1798 in Rottweil. Ab wann kam der Buchhandel dazu?

Im selben Jahr: Bartholomä beteiligte sich in Rottweil an einer Schulbuchhandlung. Die Buchhandlung gibt es nicht mehr, die Herderstraße in Rottweil erinnert aber noch heute an sie.

Bartholomä Herder war Ihr Ur-Ur-Urgroßvater. In den folgenden 200 Jahren wuchs Herder im Verlags- und auch im Buchhandelsbereich. Warum verkauften Sie im Jahr 1996 drei Buchhandlungen an Phönix-Montanus?

In den 1990er Jahren war Filialisierung ein zentrales Thema im Buchhandel. Herder war aber historisch gewachsen, unsere Läden waren sehr unterschiedlich: Große Universitätsbuchhandlungen gehörten ebenso dazu wie kleine Stadtrandbuchhandlungen. Daraus eine homogene Buchhandelsgruppe mit den erforderlichen Synergieeffekten zu entwickeln, erschien uns unmöglich. Also entschlossen wir uns, uns zunächst teilweise aus dem Buchhandel zurückzuziehen und die Läden in Freiburg, Würzburg und Münster an Phönix-Montanus und damit an die Familie Kreke zu verkaufen.

Warum haben Sie andere Buchhandlungen behalten?

Der Buchhandel hat uns immer Freude gemacht, und er war für uns auch wichtig, denn so haben wir den direkten Zugang zu den wichtigen Themen im Buchhandel behalten. Verleger machen sich mitunter nicht klar, womit Buchhändler sich im Alltag herumschlagen müssen und wie Verlage von außen wirken.

20 Jahre später wurde Ihre Familie größter Anteilseigner. Warum haben Sie sich dafür entschieden?

Es waren fast auf den Tag 20 Jahre: Zum 1. Juli 1996 hatten wir an die Familie Kreke verkauft, am 9. Juli 2016 stiegen wir zusammen mit den Familien Kreke, Busch und Göritz wieder bei Thalia ein. Wir hatten den Eindruck gewonnen, dass die gravierenden Umbrüche im Buchhandel hinter uns liegen. Es zeichnete sich ab, dass der Bildschirm-Markt sich zwar natürlich weiterentwickeln wird, die Zeit aber vorbei war, in der Buchhändler nicht wissen, was morgen im Bereich Lesegeräte geschehen wird. Der Buchhandel steht vor einem Comeback: Das war unsere Einschätzung. Deshalb entschieden wir uns, bei Thalia einzusteigen.

Was bedeutete das für Sie persönlich?

Das bedeutete mir sehr viel. Zwei unserer damaligen Buchhandlungsleiter aus den Läden, die 1996 an Phönix-Montanus gingen, waren auch jetzt, 20 Jahre später, immer noch in derselben Funktion tätig. Es war ein bewegender Augenblick für mich, als ich sie kurz nach der Bekanntgabe unseres Einstiegs bei Thalia anrief und sagen konnte: „Willkommen daheim."

Zuvor hatte sich Thalia mit seiner Expansionspolitik nicht nur Freunde gemacht. Wie haben Sie das Unternehmen gesehen, als Sie dazukamen?

Für mich zeichnete sich sehr deutlich ab, wie Thalia sich weiterentwickeln würde: eine Buchhandlung, die partnerschaftlich mit anderen umgeht. Das sah man an der tolino-Allianz, die Thalia ins Leben gerufen hatte und die 2016 schon weit war: Buchhändler kooperieren beim Vertrieb eines E-Book-Readers. Es ist weltweit die einzige Allianz, die sich gegenüber Amazon und dem Kindle behaupten kann. Mit der „Welt, bleib wach"-Kampagne setzt Thalia den partnerschaftlichen Ansatz fort: Andere Buchhändler können sich mit wenig Aufwand an dieser großen Kampagne für das Lesen beteiligen.

Was war darüber hinaus für Sie an Thalia interessant?
Thalia gelingt der digitale Anschluss an die Online-Konkurrenz. Die Omni-Channel-Strategie, also der Service und Verkauf im Laden, am Telefon, über das Internet und durch unsere App funktioniert. Thalia steht dafür, Lesekultur im innerstädtischen Bereich voranzutreiben und der Kundschaft Bücher auf digitalem Weg von überall aus zugänglich zu machen.

Neben den Sachargumenten für Ihr Buchhandels-engagement betonen Sie, dass Thalia heute von Familien getragen wird. Warum legen Sie darauf so großen Wert?
Investitionen sind Vertrauenssache. Familie Kreke kannten wir schon 20 Jahre, und mit Michael Busch hatten wir ebenso lange vertrauensvoll zusammengearbeitet. Mit Leif Göritz arbeite ich seit vielen Jahren eng zusammen, und wir hatten 2014 die Berliner App-Agentur Smart Mobile Factory übernommen. Mit der Familie Falter und der Mayerschen Buchhandlung, die sich im Januar 2019 mit Thalia zusammenschloss, kam eine weitere klassische Unternehmerfamilie mit Tradition dazu.

Wenn man ein bisschen kreativ rechnet, ergibt sich ein schönes Bild: 100 Jahre Thalia, über 200 Jahre Mayersche, über 220 Jahre seit dem ersten Herder-Buch, 500 Jahre Orell Füssli – hinter Thalia stehen 500 Jahre Buch- und Familientradition, das ist gewissermaßen von Gutenberg bis heute.

Den Anfang der aktuellen Inhaberstruktur machte die Familie Kreke. Sie kennen sich seit dem Verkauf der drei Herder-Buchhandlungen an Phönix-Montanus. Sind Sie immer in Kontakt geblieben?

Anfangs mit Jörn Kreke. Ich erinnere mich gern an seine Besuche in Freiburg und die Abendessen bei meinen Eltern. Henning und ich haben uns in Frankfurt auf der Buchmesse kennengelernt, auch wir haben uns auf Anhieb gut verstanden. In den folgenden Jahren hatte ich immer wieder Kontakt zu Krekes, weil wir an den ehemaligen Herder-Standorten Münster und Freiburg auch Vermieter für die Ladengeschäfte waren. Da gibt es ja gelegentlich etwas zu besprechen, insbesondere dann, wenn Verträge auslaufen und erneuert werden müssen.

Wenn Sie heute in die Zukunft schauen – was erwarten Sie von den nächsten zehn Jahren?

Die Innenstädte werden sich gewandelt haben. Bürgermeister werden mit ihnen wie mit Naturschutzgebieten umgehen. Der Buchhandel wird ein wichtiger Partner sein, um das Niveau dort zu heben. Sicherlich wird sich der Buchhandel etwas anders aufstellen. Ich bin davon überzeugt, dass wir weniger Neuerscheinungen brauchen und dass Buchhändler stärker auswählen, individualisieren, persönliche Akzente setzen werden. Insgesamt glaube ich, dass der inhabergeführte stationäre Buchhandel Bestand haben wird. Thalia wird ihm dabei wie mit dem tolino oder der „Welt, bleib wach"-Kampagne helfen. Das freut mich.

Manuel Herder ist seit 1999 geschäftsführender Gesellschafter des Herder Verlags. Er leitet ihn in sechster Generation. 2016 wurde die Familie Herder größter Anteilseigner von Thalia.

Zusammenschluss mit der Mayerschen Buchhandlung

Die Digitalisierung ist wichtig geworden, zugleich ist der stationäre Buchhandel wichtig geblieben – und Thalia wächst weiter. Ein bedeutender Schritt in diese Richtung war 2018 das Zusammengehen mit Wittwer. Das 1867 gegründete Geschäft – der beliebte „Platzhirsch" in Stuttgart – wird unter dem Namen Wittwer Thalia fortgeführt.

Schon bald danach wurde die Branche durch eine noch sehr viel weiter reichende Nachricht überrascht: Im Januar 2019 gaben Thalia und die Mayersche Buchhandlung bekannt, dass sie sich zum größten Buchhandelsunternehmen Europas zusammenschließen.

So verbindet sich erneut eine über 200-jährige Buchhandelstradition mit Thalia: Die Mayersche wurde im Jahr 1817 von Jacob Anton Mayer in Aachen gegründet. Dazu kommt langjährige persönliche Erfahrung: Inhaber und Geschäftsführer Hartmut Falter war zum Zeitpunkt des Zusammenschlusses mit Thalia seit 26 Jahren in dem Unternehmen tätig, das seit seiner Gründung immer in Familienbesitz war. Bereits Jürgen Könnecke war mit dem früheren Chef des Unternehmens Helmut Falter über den Falkauer Kreis und die Buchwerbung der Neun freundschaftlich verbunden

Hartmut Falter und Michael Busch kannten sich seit über 20 Jahren, sind seit mehr als 20 Jahren eng befreundet und schätzten einander in herzlicher Rivalität. „Als wir uns mal wiederbegegnet sind, haben wir, eigentlich eher als Gedankenspiel, darüber gesprochen, was eigentlich wäre, wenn wir

Die Thalia Gesellschafter 2019:
Michael Busch, Hartmut Falter, Manuel Herder, Henning Kreke, Leif Göritz (v. l. n. r.)

koopieren würden", erinnert sich Hartmut Falter.[119] „Je mehr wir uns mit dieser Frage beschäftigt haben, desto faszinierender fanden wir das für beide Seiten."

Aus den Gedankenspielen wurde Realität, und mit dem Zusammenschluss der Freunde erweiterte sich der bisherige Thalia Gesellschafterkreis – bestehend aus den Familien Herder, Kreke, Busch und Göritz – um die Familie Falter. Hartmut Falter wurde zusammen mit Michael Busch geschäftsführender Gesellschafter bei Thalia.

Das Börsenblatt sprach von einer „Megafusion" – und die FAZ schrieb über „die Vernunftehe eines reifen Paares, dem diese Liebschaft nicht in die Wiege gelegt war"[120]. Tatsächlich war es nur insofern eine Vernunftehe, als die ehemali-

ZUSAMMENSCHLUSS MIT DER MAYERSCHEN BUCHHANDLUNG

gen Konkurrenten von der Bedeutung starker Allianzen im Internetzeitalter überzeugt sind. Wirtschaftlich nötig war die Fusion allerdings nicht, betont Hartmut Falter.[121] „Wir sind für uns allein stark genug. Aber wir haben erkannt, dass es für unser Unternehmen besser ist, wenn wir uns mit Thalia zusammentun, weil sich Chancen bieten, die wir allein nicht haben."

Die große Botschaft: Durch gemeinsames Handeln in der Branche, Innovationen, Anpassungs- und Lernfähigkeit der Organisation können wir erfolgreich unseren eigenen Weg gehen und gegen die internationale Konkurrenz bestehen. Die mit dem Zusammenschluss einhergehende Effizienzsteigerung stärkt den stationären Buchhandel und stellt sicher, dass viele Standorte – auch in kleineren Orten – bestehen bleiben. Die lokale Buchhandlung bleibt mit Thalia ein inspirierender Kultur-Ort in der Lebenswelt der Menschen und belebt die Innenstädte.

Zwei Freunde. Hartmut Falter und Michael Busch anlässlich des Zusammenschlusses von Mayersche und Thalia, 2019

Mayersche Buchhandlung

Aachen

Starke Buchhandelstradition im Westen

„Literatur trifft Leidenschaft": Unter diesem Motto feierte die Mayersche Buchhandlung ihren 200. Geburtstag im September 2017. Zu diesem Zeitpunkt gehörten zu ihr mehr als 50 Filialen an Rhein und Ruhr.

1816 begann die Erfolgsgeschichte der Mayerschen Buchhandlung. Damals kam Isaak Abraham Mayer mit seiner Frau Fanny aus Burgkunstadt nach Aachen. Ein Jahr später, am 15. September 1817, gründete er die Mayer'sche Buchhandlung. Später ließ er sich in

Stammhaus Mayersche Buchhandlung. Aachen

Aachen evangelisch taufen und nannte sich Jacob Anton Mayer.
Seine Familie war durch vielfältige Verbindungen zu den Kultur-
schaffenden ihrer Zeit bestens vernetzt und hoch geachtet. Bereits
in den ersten fünf Jahren gelang es dem Firmengründer, die Rolle
des führenden Buchhändlers in Aachen zu erlangen.

1822 gründete er die „Stadt Aachener Zeitung" und verlegte wichtige Zeitschriften wie die „Rheinischen Provinzial-Blätter" sowie die
„Westlichen Blätter für Unterhaltung, Kunst, Literatur und Leben".
1838 war er der Erste, der Molières Werke in deutscher Sprache
herausbrachte. Zudem knüpfte der Buchhändler und Verleger Ge-

schäftsbeziehungen nach Frankreich und Belgien. Das ermöglichte es ihm, französischsprachige Werke im Verlag Mayer zu verbreiten. Später kamen englische und spanische Titel dazu.

Auch nach dem Tod des Firmengründers im Jahr 1857 blieb die Mayersche in Familienhand: Der jüngste Sohn übernahm das Geschäft und führte es erfolgreich weiter. 1879 wurde er Königlich Preußischer Hofbuchhändler.

In den Folgejahren wurde die Mayersche jeweils von den ersten Sortimentern des Unternehmens geleitet. Sieben von ihnen waren nicht mit Mayer verwandt. Dann aber begann eine neue Familientradition: Die Familie Falter kam in den 1920er Jahren mit der Mayerschen in Verbindung – und sollte die zweite Hälfte der 200-jährigen Unternehmensgeschichte prägen.

Neues Kapitel mit der Familie Falter

Die Anfänge liegen im Jahr 1921: Damals absolvierte Michael Falter bei der Mayerschen eine Lehre zum Buchhändler. Seine spätere Ehefrau Agnes Kempen arbeitete seit 1926 ebenfalls dort.

Zunächst aber machte sich das Ehepaar 1936 mit einem Presseunternehmen und einer Anzeigenagentur selbstständig. Nach dem Zweiten Weltkrieg baten dann ehemalige Mitarbeiterinnen der Buchhandlung die beiden um Unterstützung beim Wiederaufbau. Daraus entwickelte sich 1947 eine Partnerschaft zwischen Michael Falter und Emma Eickmann, von der die Mayersche damals geführt wurde. Familie Falter erwarb zunächst eine Teilhaberschaft und schließlich die gesamte Buchhandlung.

Michael Falter entwickelte das Unternehmen kontinuierlich weiter. 1952 eröffnete er einen Neubau in der Buchkremerstraße in Aachen, der über Jahrzehnte das Stammhaus blieb. Es war der fünfte Standort des Buchhandelsunternehmens, nur etwa 150 Meter vom Aachener Dom entfernt.

1951 wurde Helmut, der älteste Sohn von Michael Falter, Teilhaber. Ab 1957 leitete er das Unternehmen – und war prägend für einen der Meilensteine in der Buchhandelsgeschichte der deutschen Nachkriegszeit: 1971 gründete die Mayersche gemeinsam mit Verlagen und anderen Buchhandelsunternehmen die Werbegesellschaft „Buchwerbung der Neun". Die Geschäftsführung lag in den Händen von Helmut Falter und Heinrich Hugendubel. Aus dieser Gruppe heraus warben die beteiligten Buchhändler erstmals mit Zeitungsbeilagen für ihre Produkte. Damit begann ein Umdenken: Das Buch, das bis dahin eher ein Produkt für eine kleine Gruppe Gebildeter war, wurde zu einem allgegenwärtigen Gut. Maßgeblich dafür war ebenso der Siegeszug des Taschenbuchs, dem die Mayersche sogar eine ganze Buchhandlung in Aachen widmete.

Engagiert für Wissenschaft, Kultur und Gesellschaft

1982 filialisierte Helmut Falter nach Köln. Parallel entwickelte sich die Mayersche zu einem führenden wissenschaftlichen Buchhandelsunternehmen. Zeitweise wurde eine Einkaufsaußenstelle in New York angegliedert, um den Bedarf an wissenschaftlichen Fachbüchern für Universitäten zu decken. Damit gehörte die Mayersche in den 1990er Jahren zu den wichtigsten und größten wissenschaftlichen Buchhandlungen Europas.

Wie der Firmengründer war auch Helmut Falter als Verleger aktiv. Zwischen 1967 und 1990 brachte die Mayersche mehr als 200 Bücher und andere Publikationen heraus. Ein thematischer Schwerpunkt lag auf der Geschichte der Heimatstadt Aachen. Mit Werken wie dem „Aachener Sprachschatz" und der mehrbändigen Ausgabe „Aachener Geschichte" machte sich der Verlag einen Namen. Die vier Auflagen der „Aachener Brunnen und Denkmäler" galten für die Stadt als richtungsweisendes Grundlagenwerk. Zahlreiche Publikationen über das Rheinland und das Ruhrgebiet kamen dazu.

Deutsch-jüdische Geschichte war ein großes Anliegen des Verlegers und Buchhändlers Helmut Falter. Das zeigte sich insbesondere in den beiden wichtigen Bänden „Von der Emanzipation zum Holocaust". Ignatz Bubis, der damalige Vorsitzende des Zentralrats der Juden in Deutschland, besuchte die Mayersche. Zudem begleitete eine Ausstellung in Aachen die beiden Bücher. Schulen wurden Klassensätze für den Unterricht zur Verfügung gestellt.

Analog und digital: Buchhandel auf allen Kanälen

Auch in den folgenden Jahren blieb das kulturell und gesellschaftlich engagierte Unternehmen in Familienbesitz. 1991 trat Michael Falters Enkel, Dr. Hartmut Falter, mit seinem Bruder Ullrich als Gesellschafter ein. 1998 kamen Buchhandlungen in Dortmund und Bochum dazu – und 2005 wurde die Mayersche zum größten familiengeführten Buchhandelsunternehmen in Deutschland.

Hartmut Falter baute das Unternehmen weiter aus und führte es ins digitale Zeitalter. Das Analoge blieb dennoch wichtig: Die persönliche Beratung, das Stöbern, das Blättern, das erste Lesen gleich vor Ort – und zu diesen persönlichen Buchhandelserlebnissen gehörten für Hartmut Falter Spielwaren dazu. Er sah sehr früh, wie gut sie mit Büchern zusammenpassen, und so baute die Mayersche ihre Spielwarenkompetenz auf. Die Verbindung mit „Spielwaren Förster" – später „Teddy & Co" – gab die benötigte Expertise. 2014 zogen dann mit dem Partner Spielwaren in viele Buchhandlungen der Mayerschen ein.

Ebenfalls wichtig waren Begegnungen und Gespräche mit prominenten Autorinnen und Autoren. Was 1966 mit Loriot begann, war im neuen Jahrtausend mit Dan Brown, Ken Follett und Donna Leon, mit Cornelia Funke, Martin Walser und Sebastian Fitzek längst nicht zu Ende.

Leseförderung gehörte ebenfalls zur DNA der Mayerschen – und die originelle Werbung. Bereits 1994 schlug sie mit dem Plakat von Detlef Kellermann hohe Wellen: „Schock' deine Eltern, lies ein Buch". Auch die Kampagne zur Eröffnung der Buchhandlung in der Modestadt Düsseldorf kam sehr gut an: Ein Plakat mit Frauenkopf, dessen Frisur aus Buchseiten geformt wird – „Haute Lecture. Wir bringen Bücher in Mode".

Mit all dem im Hintergrund konnte Hartmut Falter 200 Jahre bewegte, lebendige, innovative Buchgeschichte feiern – knapp 100 Jahre nach der Buchhandelslehre seines Großvaters: am 15. September 2017. Damals, am 200. Geburtstag der Mayerschen, gehörten zum Unternehmen rund 50 Buchhandlungen an Rhein und Ruhr.

Buchhandlungen mit eigenem Profil

Bühne frei! für die Buchhandlung im ehemaligen Kino Metropol: ein gelungenes Beispiel für die Vielseitigkeit der Thalia Auftritte. Zahlreiche Elemente des traditionsreichen Filmhauses wurden für Thalia in Bonn originalgetreu restauriert, jetzt werden hier Bücher wunderbar in Szene gesetzt. Auf einer Fläche von 2.500 Quadratmetern auf vier Etagen gibt es viel Raum für Leseförderung und Autoren-Events. Die Bonner Buchhandlung ist aber nur ein Beispiel für die Vielfalt unter dem Dach von Thalia.

Noch stärker als bisher sollen die Buchhandlungen zu attraktiven Treffpunkten werden, die Gründe liefern, nicht nur online zu shoppen, sondern zum Einkaufen und für neue Inspiration in die Stadt zu kommen. Die 2018 neu eröffnete Buchhandlung in Hagen bietet viel Raum für das tiefe Eintauchen in Geschichten. Das neue Ladenkonzept legt den Fokus auf eine angenehme, helle Leseatmosphäre. Großzügigere Raumaufteilungen, mehr Sitzgelegenheiten und mit WLAN ausgestattete Co-Working-Plätze bieten Kunden die Möglichkeit, sich vor Ort intensiv mit Inhalten auseinanderzusetzen. In Hagen wurde das Café aufgewertet. Gemütliche Sitzecken und eine offene Fensterfront sorgen ab jetzt für mehr Aufenthaltsqualität.

Jede Thalia Buchhandlung hat ein eigenes Profil, das sich an den Bedürfnissen der Kundinnen und Kunden vor Ort orientiert. Rechte Seite: Thalia im ehem. Metropol-Kino, Bonn, und in Linz-Lentia.

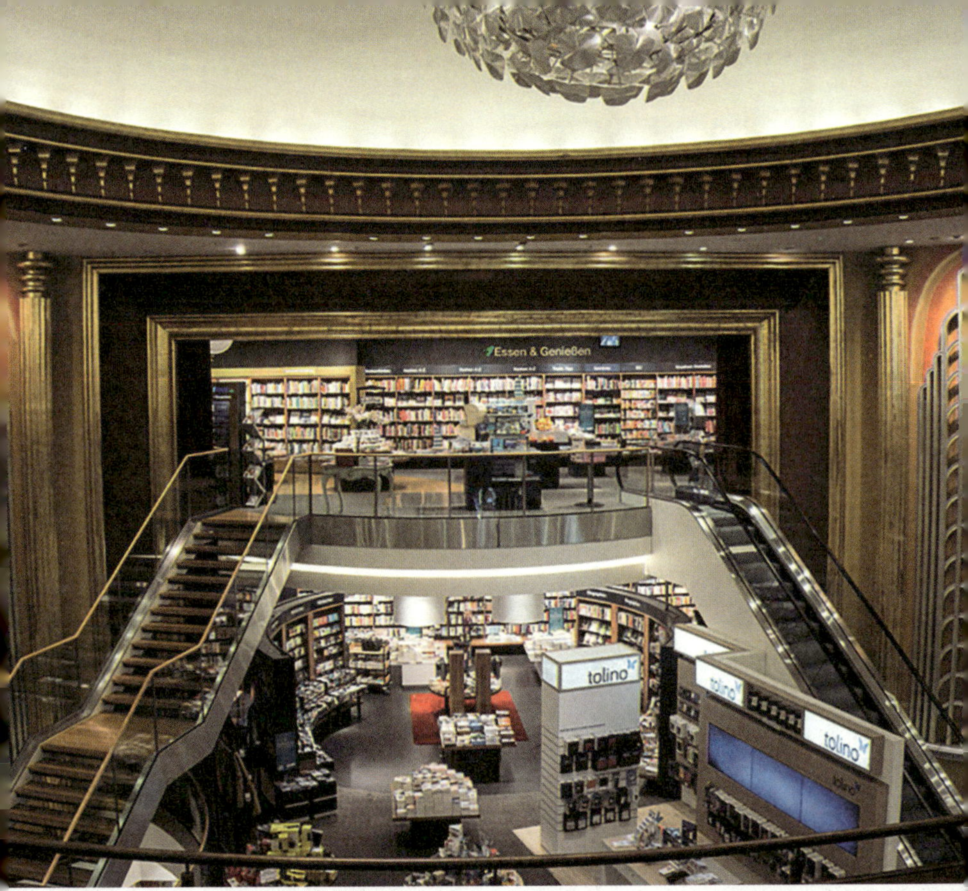
Essen & Genießen
tolino
tolino
tolino

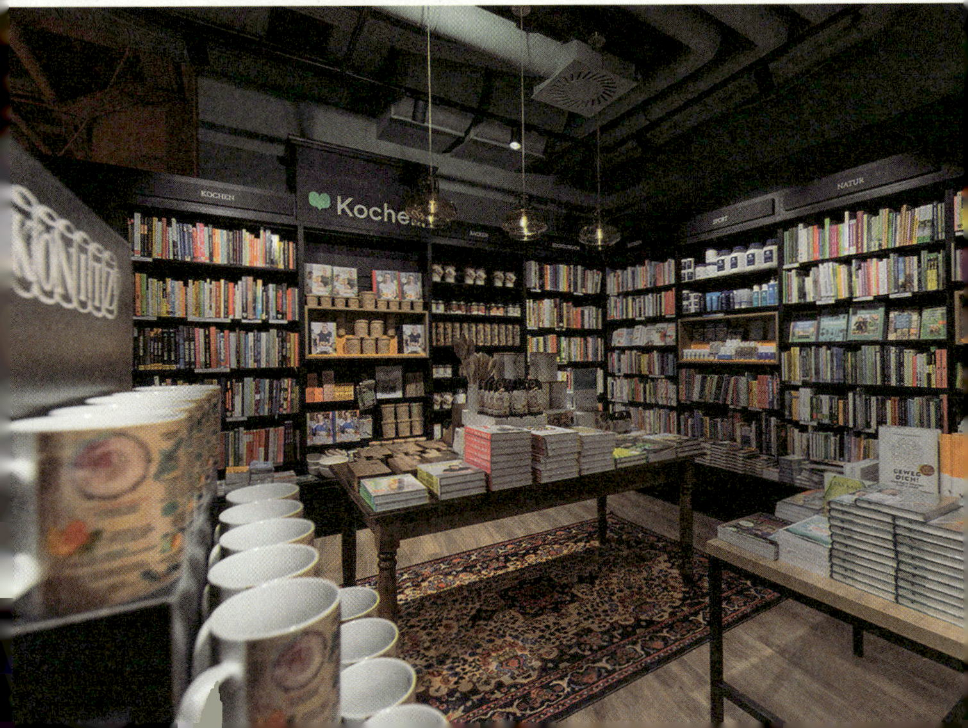
KOCHEN
NATUR

In der Europa-Passage, Hamburg (links), sowie in Neuss

BUCHHANDLUNGEN MIT EIGENEM PROFIL

Raum für das Wesentliche

Es gibt gute Argumente für das Lesen, betont Diogenes Verleger Philipp Keel, gerade in einer Zeit, in der alles etwas viel ist. Starke Bücher und starke Buchhandlungen zum Beispiel. Sie bieten, was viele heute längst vermissen – Entschleunigung, Begegnung und etwas mehr Tiefgang.

Welche Bedeutung hat für Sie als Verleger der klassische Buchhandel, der nicht nur online, sondern im Ladenlokal aktiv ist?

Nach wie vor ist es eine gute ökonomische Beziehung, es ist aber auch sehr viel mehr. Der Buchhandel verkauft nicht nur Bücher, er schafft Lesekultur. Deshalb ist er immer noch unser wichtigster Partner. Bücher sind mehr als nur eine Ware, es geht auch darum, zum Lesen einzuladen.

Studien zeigen, dass heute deutlich weniger Menschen lesen als noch vor einigen Jahren, nimmt man den Corona-Effekt einmal aus. Warum ist es schwieriger geworden, sie dafür zu gewinnen?

An den Büchern liegt es nicht. Es gibt hervorragende Autoren, die wunderbare Geschichten schreiben, gute Unterhaltung bieten, auch viele spannende Sachbücher. Die Art, wie wir leben, hat sich aber verändert. In meiner Umgebung kann ich beobachten, wie es den Menschen immer mehr an Energie fehlt, nicht nur abends nach der Arbeit, auch am Wochenende, in der Freizeit. Das hat natürlich mit der Geschwindigkeit des Alltags, mit dem hohen Druck im beruflichen wie im privaten Umfeld zu tun. Zudem gibt es, das ist nichts Neues, viel Input über die Medien, über Facebook, Twitter & Co, man ist abgelenkt und hört nicht mehr zu. Lesen aber braucht Zeit und Konzentration.

Wie kann der Buchhandel gegensteuern und die Lust am Lesen fördern?

Er kann gezielt für das werben, was das Besondere an Büchern ist: Sie regen die Fantasie an, und mit Büchern kommt man zur Ruhe, zu sich selbst und gleichzeitig in die ganze Welt.

Viele scheinen aber doch geradezu mit ihren Smartphones zu verschmelzen.

Das Internet begeistert dennoch nicht mehr nur, es stellen doch alle fest, dass es sie überfordert. Wir wünschen uns eine Pause vom virtuellen Leben, sehnen uns nach direktem Austausch und echten Erlebnissen. Schallplatten zum Beispiel erleben eine Renaissance, und auch das gedruckte Buch könnte diese bald erleben.

Dafür müssen die Leute aber in die Städte gehen.

Genau dafür muss man sie wieder gewinnen: nicht online zu shoppen, sondern Geschäfte aufzusuchen und dort einzukaufen. Dazu gehört auch, sich an der Kasse anzustellen, statt nebenbei mal schnell etwas online zu bestellen, sich umzuschauen, andere zu beobachten oder schon mal in dem Buch zu blättern, das man kaufen will. Damit Menschen Lust haben, in Geschäfte zu gehen, müssen Buchhändler eine Welt für sie erschaffen, in der sie sich wohlfühlen und in der sie etwas Besonderes erleben können.

Was stellen Sie sich vor?

Es kann zum Beispiel mehr als eine Buchhandlung sein, ein Ort, an dem man auch anderes erleben kann. Erfolgreiche Modelle gibt es ja bereits. In Italien zum Beispiel Libreria: mehrere Stockwerke, auf denen man ganz Unterschiedliches findet, von der Käsereibe bis zum Olivenöl. Unten gibt es Bücher, in den oberen Stockwerken Speisen, Kaffee, eine Bar – Lesen wird mit Genuss und Lifestyle in Berührung gebracht. So kann man auch Menschen abholen, die Bücher als eher altmodische Produkte sehen:, ihnen zeigen, dass Bücher auf der Höhe der Zeit sind und sich um das ganze Leben drehen.

INTERVIEW PHILIPP KEEL

Buchpuristen halten solchen Ladenkonzepten entgegen, dass es ablenkt, wenn Geschäfte mit allem Möglichen vollgestellt sind, mit Postkarten, Spielzeug, Tassen. Sie plädieren dagegen für eine reine Bücherumgebung.

Ich meine auch kein Sammelsurium. Nippes am Eingang schätze ich nicht, und ich glaube auch nicht, dass das Zusammenwürfeln von allem Möglichen dazu führt, dass wir mehr Bücher verkaufen. Man muss genau auswählen, mit feiner Hand nach Themen kuratieren und darauf achten, dass die Augen dazwischen ihre Ruhe finden.

Wie sollte eine Buchhandlung also sein?

Beweglich, verspielt, von alten Gewohnheiten befreit. Buchhandlungen können so vieles – ich meine damit: Sie sind unterschiedlich, können auch unterschiedlich sein. Entscheidend finde ich aber, dass Buchhändler mit Freude und Leidenschaft den Kunden empfangen, ihm mit einem Schmunzeln die Tasche mit Büchern füllen, an die er vorher nicht einmal gedacht hat.

Wie muss eine Buchhandlung sein, damit Sie sich wohlfühlen?

Offen, sie muss Raum geben, ich muss mich bewegen können, und ich mag es, wenn irgendwo im Laden etwas zu entdecken ist, das ich nicht erwartet hätte. Vor allem aber sollte sie ein lebendiger Ort sein.

Reduziert und schnörkellos ist auch einer Ihrer Diogenes-Slogans: „Sie brauchen es nicht zu lesen, Sie brauchen es nur zu kaufen." **Sonst setzt Werbung für das Buch in der Regel darauf, dass es nicht nur Ware, sondern vor allem Kulturgut ist. Warum drehen Sie das um?**

Ich habe versucht, unsere Kampagne mit Ironie und nicht mit erhobenem Zeigefinger zu schreiben. Ich denke, frech sein ist in Ordnung, solange man dabei nicht zynisch, verachtend oder arrogant ist. Unser Diogenes-Slogan will damit spielen, dass man ein Buch erst einmal zu Hause haben muss, bevor man sich ans Lesen heranwagt. Wenn man einmal anfängt, geht's.

Diogenes verlegt seit fast 70 Jahren sehr erfolgreich Bücher. Wie müssen sie sein, um gekauft und gelesen zu werden?

Bücher dürfen nicht langweilig sein, eine Geschichte muss gut erzählen, ein Autor dafür ein echtes Talent haben. Eine Gebrauchsanleitung dafür gibt es nicht. Aber es gibt diejenigen, die es können, und einige, die es beurteilen können. Daran hat sich nichts verändert. Auch nicht daran, dass Menschen gerne Geschichten erzählen und gerne Geschichten hören. Das ist es, was mich antreibt.

Hollywood und Netflix können auch gute Geschichten erzählen.

Stimmt, viele Serien sind wirklich gut gemacht, aber das Buch tut es auf eine andere Weise. Es lässt Freiraum für die Fantasie, zum Innehalten, zum Träumen, zum Nachdenken.

Was wünschen Sie dem Buchhandel, was wünschen Sie Thalia für die Zukunft?

Dass Bücher wieder dermaßen in Mode kommen, dass die Buchhändler sich darüber beklagen, den ganzen Tag nur noch an der Kasse zu stehen.

Sie haben bei dem Kulturgut Buch tatsächlich vor allem den Umsatz im Sinn?

Warum nicht? Lesen, arbeiten und fachsimpeln tun wir in dieser Branche doch alle genug.

Wie ist es mit Thalias neuem Slogan: „Welt, bleib wach" – gefällt er Ihnen?

Ja, denn er ist eine Aufforderung an die Leidenschaft. Und er verweist auf ein Unternehmen, das mit Büchern immerhin 100 Jahre alt geworden ist.

2012 übernahm **Philipp Keel** den Diogenes Verlag, den sein Vater Daniel Keel 1952 in Zürich gegründet hat. Diogenes ist einer der größten unabhängigen Belletristikverlage Europas: mit Autoren wie Donna Leon und John Irving, Ian McEwan und Martin Suter.

TEIL 4

VORAUS-BLICKEN

Den richtigen Weg bereiten

Neue Unternehmens- und Markenstrategie

Das Versprechen von Thalia an seine Kunden heißt: **Persönlich. Einfach. Gestaltend.** Persönlich durch die kompetente Beratung der Buchhändlerin und des Buchhändlers. Einfach durch die Vernetzung von On- und Offline-Dienstleistungen, und gestaltend durch immer neue Themen und Trends, die für die Kunden relevant sind.

Botschafter geistiger Nahrung

Zwei neu definierte Spitzenleistungen, „Botschafter geistiger Nahrung" und „Geschichtenentdecker", sollen dazu beitragen, die Anzahl der Nichtleser deutlich zu reduzieren und eine neue Generation an das Lesen und relevante Inhalte heranzuführen.

Als Geschichtentendecker finden wir unter Millionen Büchern die passende Lektüre. Dabei steht eine gute und individuelle Beratung an erster Stelle – und das über alle Kanäle hinweg. Wir stellen sicher, dass unser Buchsortiment genauso breit wie tief ist, sodass alle Aspekte eines Themas Berücksichtigung finden. Auch kleine, feine Buchperlen jenseits des Mainstreams finden bei uns Beachtung und können so ein neues Publikum begeistern.

Auch Verstand und Seele brauchen gute Nahrung, um sich den Herausforderungen unserer modernen Gesellschaft zu stellen. Daher haben wir unseren Botschafter für geistige Nahrung entwickelt, der dazu beitragen soll, Menschen und

Gesellschaft ein bisschen besser zu machen. Dazu gehört auch die Thalia Wertekampagne und Initiative „Welt, bleib wach", der sich alle interessierten Unternehmen anschließen können. Gemeinsam soll eine Breitenwirkung für das Lesen und das Buch erzielt werden.

Michael Busch: „Wir wollen, dass das Lesen, Bücher und Geschichten im Alltag der Menschen präsent bleiben. Als Verbund vieler Buchhandlungen unter dem Thalia Dach, können wir maßgeblich dazu beitragen, dass wir dieses Ziel erreichen."

Deshalb gehört auch die Förderung von Lesekompetenz und Lesemotivation wesentlich zu Thalia. Ebenso wirbt Thalia bei den Erwachsenen mit

zahlreichen eigenen Veranstaltungen für das Lesen und Bücher, allein im Jahr 2019 waren es rund 5.000. Damit werden wir auch unserer gesellschaftspolitischen Verantwortung gerecht.

Sinnstiftende Bestimmung von Thalia:
Mit geistiger Nahrung Menschen und
Gesellschaft ein bisschen besser zu machen

KULTURELLE SPANNUNG

Immer weniger Menschen nehmen sich
Zeit, sich mit inhaltlich Wertvollem zu
beschäftigen und eigene Geschichten
im Kopf entstehen zu lassen.

DERZEITIGE NORM

Digitalisierung und neue Medien sind
Zeichen von gesell- schaftlichem
Fortschritt – mehr ist besser. Aber
oftmals geht es zulasten tieferer
Auseinandersetzung mit Inhalten.

**AUFKOMMENDE
GEGENBEWEGUNG**

Mehr Substanz und Authentizität
kommen nicht vom Zappen und
passiven Medienkonsum, sondern
vom Vertiefen in Geschichten und
Inhalten.

**Unser gesellschaftlicher
Beitrag zur Lösung der
kulturellen Spannung**

**Wir glauben, dass geistige Nahrung
Menschen und Gesellschaft
ein bisschen besser macht.**

Unter dem Projektnamen „Thalisman" entstand ein zur
Marke Thalia passender neuer Anspruch für die nächsten
10 Jahre. Ausgangspunkt war die zu Beginn der Thalisman-
Reise entwickelte Vision „einer Welt, in der Inhalt zählt".

Gemeinsam haben Gesellschafter, Management und die
Mitarbeiterinnen und Mitarbeiter mit viel Energie und Herz-
blut ihr Unternehmen neu gedacht und die besonderen

Stärken von Thalia herausgearbeitet. „Seit 2017 bringen sich Mitarbeiter aus unterschiedlichsten Bereichen in den umfassenden Wandel ein. Wir haben ihn bewusst nicht hierarchisch angelegt: Vom Praktikanten bis zur Abteilungsleiterin sind sich alle auf Augenhöhe begegnet und haben gemeinsam zukunftsweisende Ideen entwickelt", so Michael Busch. „Für mich zeigt das, wie sehr wir alle bei Thalia für das Thema Lesen brennen – und dass sie an die Zukunft des Unternehmens Thalia glauben."

Die strategische Neuausrichtung von Thalia hat nicht nur Strahlkraft gegenüber Kunden und Partnern, sie wirkt sich auch auf die Unternehmenskultur aus. Um den kulturellen Wandel zu begleiten und neue Fähigkeiten zu fördern, wurde das bisherige Leitbild des Unternehmens, das im Kern unter der Führung von Jürgen Könnecke und Michael Busch erarbeitet wurde und über mehr als 15 Jahre als Richtschnur für ein kooperatives Miteinander diente, modernisiert und weiterentwickelt. Dabei kommt den Mitarbeiterinnen und Mitarbeitern eine noch zentralere Rolle zu. Sie transportieren durch ihre Haltung und ihr Handeln den Charakter von Thalia nach innen und außen. Die gesamte Organisation profitiert schon heute davon, dass das Unternehmen im Zuge der Markenentwicklung neue agilere Arbeitsweisen eingeführt hat, die zu mehr Transparenz im Hinblick auf Unternehmensziele führen und das eigenverantwortliche Arbeiten des Einzelnen stärken.

„Der Buchhandel kann mehr als Internet"

Die Herausforderungen sind groß: Der Buchhandel muss dem Digitalisierungsdruck standhalten, zudem nimmt im Internetzeitalter die Zahl der Lesenden ab. Dennoch: Heinrich Riethmüller, Vorsteher des Börsenvereins von 2013 bis 2019, glaubt an die Zukunft des Buchs und des stationären Handels.

2001 übernahm Douglas mehrheitlich die Thalia Buchhandlungen. Woran denken Sie, wenn Sie auf diese 18 Jahre zurückblicken?

Es waren sehr unruhige Zeiten. Die mehrheitliche Übernahme durch Douglas war ein Paukenschlag für die Branche. Wir mussten erst einmal schlucken, weil ein branchenferner Konzern einstieg. Zudem kam bald die Ansage von Thalia, Marktführer werden zu wollen.

Was passierte damals?

Eine Expansionswelle der Großen ging los: Nicht nur Thalia, sondern auch Hugendubel und die Mayersche waren aktiv. Es gab zahlreiche Übernahmen und Neueröffnungen, oft auf großen Flächen. Manche kleine oder mittlere Buchhandlung musste dagegen aufgeben, weil mit einem Mal starke Konkurrenz in unmittelbarer Nähe war.

Welche Rolle spielte der Online-Handel?

Das war die zweite große Dynamik dieser Zeit: Sie zeigte sich ab Mitte der 2000er Jahre. Um 2009 oder 2010 hörte das Flächenwachstum dann auch nahezu abrupt auf. Amazon wurde sehr stark, das bedeutete einen deutlichen Umsatzrückgang für den stationären Handel. Seitdem verändert sich das Buchgeschäft gravierend.

Worauf beziehen Sie sich?

Zum Beispiel hat sich das Bild des Buchhändlers verändert. Früher waren wir die Herren des Wissens: Wir hatten unsere Kataloge, wussten oder konnten herausfinden, welche Titel es gibt. Heute können die Kunden selbst recherchieren, können online bezahlen und sich die Bücher nach Hause schicken lassen. Man muss nicht mehr eine Buchhandlung aufsuchen, um einzukaufen. Das bedeutet, dass Buchhändler sich neu aufstellen müssen. Viele haben heute selbst einen Online-Shop und können genauso schnell liefern wie Amazon. Dafür und für weitere digitale Angebote müssen wir technisch aufrüsten und viel investieren. Wir besinnen uns aber ebenso auf unsere Stärken: Der Buchhandel kann mehr als Internet.

Wo sehen Sie diese Stärken?

Wir empfehlen Bücher, aber nicht auf der Basis von Algorithmen. Wir kennen unsere Kunden, wissen, was sie lesen, haben ein Gespür dafür, welche Titel ihnen gefallen könnten. Buchhändler bieten persönliche Gespräche und persönliche Beratung, Begegnungen mit Autoren, Leseförderung, Lesekultur, befeuern wichtige Debatten.

Dennoch: Die Herausforderungen sind groß, nicht zuletzt auch deshalb, weil der Buchmarkt rund sechs Millionen Leser zwischen 2013 und 2017 verloren hat.

Bei den 29- bis 49-Jährigen überdurchschnittlich viel. Bei der Altersgruppe ab 60 und bei Kindern sieht es besser aus. Es muss sich erst noch zeigen, ob wir Leser und Buchhandelskunden zurückholen können und ob das Buch im Internetzeitalter seine gesellschaftliche Bedeutung zurückgewinnt.

Was kann der Börsenverein tun?

Er hat insbesondere die politischen Rahmenbedingungen für die Branche im Blick, wie Preisbindung und Urheberrecht. Wir setzen zudem gesellschaftspolitische Impulse, etwa über den Friedenspreis des Deutschen Buchhandels. Ebenso Impulse für die Lesekultur, unter anderem über den Deutschen Buchpreis. Staatsministerin Monika Grütters konnten wir anregen, den Deutschen Buchhandlungspreis ins Leben zu rufen: eine Auszeichnung für kleine und mittlere Geschäfte, um so die Vielfalt im Handel zu erhalten. Oder den Deutschen Verlagspreis: Er soll kleine unabhängige Verlage unterstützen, die abseits vom Mainstream wichtige Arbeit leisten.

Wird das reichen?

Nicht für jeden Verlag und nicht für jede Buchhandlung. Für die Branche insgesamt bin ich aber optimistisch. 2018 zeigte sich, dass die Buchhandlungen, die auf enge Beziehungen zu ihren Kunden und auf Beratung setzen, ein leichtes Plus erwirtschaften konnten. Der Buchhandel ist insgesamt vernünftig durch die beiden Corona-Jahre gekommen. Es ist ein großer Vorteil, wenn Buchhandlungen beide Wege verbinden: analog und digital. Amazon selbst sieht das so und beginnt, in den USA Geschäfte zu eröffnen.

Bereitet Ihnen das nicht auch Sorgen?

Natürlich ist das Konkurrenz. Aber ich denke, dass der Buchhandel hier selbstbewusst sein kann, auch deshalb, weil Buchhandelskunden anders als durchschnittliche Einzelhandelskunden sind. Viele denken über den Handel nach, über faire Arbeitsbedingungen, darüber, wer wo Steuern zahlt, über die Bedeutung der Lesekultur. Bei all diesen Fragen schneidet der stationäre Buchhandel sehr gut ab.

Heinrich Riethmüller ist seit 1983 geschäftsführender Gesellschafter der Osianderschen Buchhandlung mit 50 Filialen vor allem im süddeutschen Raum. Von 2013 bis Oktober 2019 war er Vorsteher des Börsenvereins des Deutschen Buchhandels

100 Jahre Thalia – 100 Jahre wach

Eine Welt, in der Inhalt zählt. Unsere Unternehmensvision wurde am 6. November 2019 im Rahmen der Abschlussveranstaltung des 100. Jubiläumsjahres mit hochklassigen Beiträgen zum Leben erweckt. Die große Rede des Abends hielt Bundespräsident a. D. Joachim Gauck. In seiner Festrede sprach er über die Bedeutung von Verantwortung und Toleranz für die Gesellschaft und die besondere Rolle von Familienunternehmen.

Der rote Faden des Abends wurde durch das Motto „100 Jahre Thalia. 100 Jahre wach." bestimmt. In inspirierenden

Kurzvorträgen setzten sich die
Bestsellerautoren Elke Heidenreich, Peter Wohlleben und
Marc Elsberg leidenschaftlich
für ihre Themen ein. Deutschlands bedeutendste Literatur-
vermittlerin Elke Heidenreich
sprach darüber, wie wichtig
Bücher nicht nur für sie selbst
sind und waren, sondern für
uns alle. „Bücher", sagte sie,
„sind das rettende Geländer
über die Abgründe der Welt
und des Lebens hinweg."

Peter Wohlleben erreicht
und begeistert mit seinen
Büchern rund um Natur und
Wald ein Millionenpublikum.

Peter Wohlleben und Elke Heidenreich

Er warf ein Schlaglicht auf das Thema Nachhaltigkeit und
entwickelte Ideen zum Naturschutz und dem ganz pragma-
tischen Umgang damit. Die spannenden Thriller von Marc
Elsberg haben ihren Ursprung in der Realität. Im Gespräch
mit Thalia Chef Michael Busch ging es um die Grundlagen für
seine Geschichten und den Einfluss von Macht aus Politik,
Wissenschaft und Wirtschaft auf unsere Privatsphäre und
damit den Kern unserer über Jahrhunderte erkämpften frei-
heitlichen Bürgerrechte.

Manuel Herder und Michael Busch moderierten
gemeinsam die Gala in der Elbphilharmonie.

Foto oben: Vorfreude auf einen besonderen Abend. Kolleginnen und Kollegen auf dem Weg zum Empfang

Foto unten: Helmut Falter, Hartmut und Sabine Ines Falter, Manuel Herder (v.l.n.r.)

„Unmittelbar nach dem 1. Weltkrieg, Deutschland war gerade Republik geworden, gründete ein hellsichtiger Zeitgenosse im neu gebauten Thalia-Theater eine Buchhandlung! Bis heute trägt ‚Thalia Bücher' mit all seinen Läden zum Ruhm des Thalia-Theaters in Hamburg bei – ohne dass wir dafür etwas bezahlen müssten! Und umgekehrt machen wir den Namen ‚Thalia' bei unseren Gastspielen in aller Welt von Sidney über Bejing, Petersburg, Paris oder Avignon international bekannt. Die griechische Muse Thalia gilt als gelehrt und zart, sie steht für blühendes Glück, für die komische Dichtung, für Unterhaltung – was will man mehr? Anlässlich des 100. Geburtstags von Thalia Buch kam Michael Busch auf uns zu, und wir nahmen uns vor, gesellschaftspolitische Themen aufzurufen, je nach Gelegenheit auch gemeinsam. Anlässe dafür gibt es in Zeiten, wo die Freiheit bedroht ist, mehr als genug!"

Joachim Lux, Intendant Thalia-Theater

Michael Busch mit Ehrengast Bundespräsident a. D. Joachim Gauck

Autorisierte Mitschrift der Rede des Bundespräsidenten a. D. Joachim Gauck zum 100-jährigen Thalia Jubiläum in der Elbphilharmonie Hamburg, 6. November 2019

Wir feiern Jubiläum in Zeiten eines mannigfaltigen Umbruchs. Und ich möchte mit Ihnen nachdenken darüber, wie aus diesen Ängsten des Umbruchs Mittel zum Widerstehen und Mittel erwachsen, um Zukunft zu erlangen. Viele haben apokalyptische Ideen und verbreiten diese. Es gibt einen großen Markt dafür, man kann richtig auch Geld verdienen damit.

Aber ich will lieber bei der Geschichte des Buchhandels anfangen und muss mit einem Bekenntnis beginnen. Ich bin, seit ich die ersten Stücke habe selbstständig lesen können, in meiner Fibel sehr schnell zum Buch gekommen. Und vielleicht war das auch sonst um mich herum ein bisschen langweilig, damals im Osten nach dem Kriege.

Und das Buch hat mich, viele Bücher, nicht nur das Buch der Bücher, sondern viele Bücher haben mich irgendwie gerettet, haben meiner Seele Nahrung gegeben, sodass ich in schlimmen Zeiten leben mochte.

Deshalb bin ich dankbar verbunden mit all den Menschen, die Gedanken in Büchern niederlegen, und den Menschen, die diese Bücher herausbringen, vermarkten, verkaufen.

Wenn ich allerdings träume, ich bin in einer Buchhandlung und suche etwas Bestimmtes, lieber Herr Busch, liebe Thalia-Menschen, ich träume nicht von Thalia-Palästen, sondern von einer kleinen, relativ dunklen Buchhandlung mit alten Regalen und einer 65-jährigen Buchhändlerin, die genau weiß, was das richtige Buch ist, was ich suche.

Ich kann ja manches mit mir veranstalten, aber meine Träume kann ich noch nicht zensieren.

Und so habe ich ein ganz bestimmtes inneres Bild vom Buchhändler und gleichzeitig lebe ich damit, dass es mutige Menschen gibt, die, wenn diese kleinen Areale, wo die Menschen immer in einem Lebensumfeld leben zwischen Selbstausbeutung und Glückseligkeit, wenn diese Areale verschwinden, dass dann andere da sind, die Menschen, die Bücher lesen wollten, helfen, und die das noch gut machen, die einladend sind und die vielleicht sogar innovative Ideen haben, Menschen über die Schwellen der Häuser zu bringen, die Bücher verkaufen.

Also, das alles gefällt mir. Ich hänge an manchen alten Dingen, weil ich alt geworden bin, und deshalb dieser Traum von diesen wunderbaren eigentümergeführten kleinen Buchhandlungen.

Aber ich weiß schon, warum ich Ihnen hier auch gratuliere. Denn es ist so, wir leben in dieser Welt des Wandels mit und ohne Sympathie, aber wir leben mit Menschen zusammen, die das Buch brauchen.

Und deshalb brauchen wir gerade gegenüber den großen Versandmaschinerien Menschen, die intensiv daran arbeiten, Strategien zu entwickeln, wie das Buch zu den Menschen kommt. Und die auch die wirtschaftliche Macht haben zu überleben.

Und deshalb kann ich auch in der Wandlung, die dieses Unternehmen hinter sich hat, in das Zueinanderkommen der verschiedenen Eigentümerfamilien, auch in der Entwicklung von Großstrukturen, die marktgängig sind und die nicht immer nur den Untergang vor Augen sehen, etwas Positives erblicken.

Und das fällt mir leichter, weil ich in einem solchen Unternehmen etwas aufgehoben sehe, was ich für ein sehr, sehr kostbares Stück der deutschen Wirklichkeit sehe, nämlich die Familienunternehmen und das mittelständische Denken, überhaupt das eigenständige Wirtschaften.

Wie Sie wissen, komme ich aus einem Bereich, der fast 50 Jahre lang die privaten Aktivitäten im Bereich der Ökonomie unterbunden hat. Das Bundesland Sachsen, ich nenne ein Beispiel, wäre ohne Kommunismus heute auf Augenhöhe mit Baden-Württemberg, weil es früher eine völlig ähnliche Wirtschaftsstruktur hatte mit gesunden und innovativen mittelständischen Unternehmen, mit starker Handwerkerschaft, mit einer selbstbewussten freien Bauernschaft.
Wenn ein System alle diese auf Eigeninitiative und Eigenverantwortung beruhenden Aktivitäten löscht und nur angeleitetes Wirtschaften und Arbeiten zulässt, entsteht nicht nur ein ökonomischer, sondern auch ein kultureller Verlust. Und dieser kulturelle Verlust ist deshalb so nachhaltig, weil ganz bestimmte Haltungen und Eigenschaften der Menschen, nämlich ich bin zuständig, ich fühle mich verantwortlich, und ich trainiere meine Verantwortungsfähigkeit, in den privaten Bereichen trainiert werden.

Wenn das über Generationen geschieht, gibt es einen Erfahrungs- und Fähigkeitsschatz, der mit dem Begriff Unternehmer-Gen nur völlig schwach ausgedrückt wird. Es ist ein kultureller Gewinn, Menschen zu ihrer Eigenständigkeit und zu der ihnen möglichen Verfasstheit als verantwortungsbegabte Wesen zu führen. Und wenn man das aus ideologischen oder sonstigen Gründen löscht, ist das ein Desaster, und wir erleben die Folgen dieses Desasters bis heute.

Von daher habe ich zuerst als Bürger, Abgeordneter, der ich zeitweilig war, später aber als Präsident dieses Landes einen hohen Respekt vor dieser Wirtschaftskultur des privaten Engagements entwickelt. Und ich sehe die eben nicht in diesen riesengroßen, übermächtigen, großen Tankern, die in der Welt oft als Wirtschaftsgiganten mehr Unheil stiften als Heil, sondern ich sehe sie in unserer familiengeführten Unternehmenskultur. Und genau das machen Sie ja hier.

Und ob Sie nun etwas größer oder kleiner sind, das ist mir eigentlich egal. Ich möchte, dass dies in den privat familiengeführten Unternehmen vorhandene Bewusstsein, ich bin nicht nur verantwortlich für meine Bilanzen, sondern auch für die Menschen, die mit mir arbeiten, und für das Gemeinwesen, in dem ich arbeite, dass dieses Grundbewusstsein erhalten bleibt.

Und da ich das Gefühl hatte, dass das hier so ist, bin ich gerne hergekommen. Ich gratuliere Ihnen.

Also, wenn ich jetzt den Buchhandel und die Buchhändler gelobt habe und dazu noch Ihrem Unternehmen Respekt erwiesen habe, schaue ich noch einmal einen kleinen Rückblick zurück und will eben die Buchhändler und Buchhändlerinnen, die in der Geschichte dieses Landes so eine große Rolle gespielt haben, als eine der Architekten der städtischen Zivilisation bezeichnen.

Das haben Ihre Vorgängerinnen und Vorgänger oft unter Mühen und in ziemlicher Armut geschafft. Einige sind groß geworden und einige existieren heute noch. Herr Riethmüller, Ihr Unternehmen ist wie alt? 400 Jahre? So, 424, das muss man sich auf der Zunge zergehen lassen. Noch kein deutscher Staat hat dieses Alter aufweisen können.

Aber diese historischen Verdienste, wir haben das alle mitbekommen, sie tragen oft nur bedingt. Ich habe aber eine Begrifflichkeit genannt, und die heißt Verantwortung. Und ich möchte gerne diese aus dem Bereich des Wirtschaftens und des Buchhandels heraus destillierte Begrifflichkeit im Zusammenhang mit Familienunternehmen herausnehmen, um das, was ich vorhin über die Zeitläufe gesagt habe, zu unterstreichen.

Ich möchte mit Ihnen darüber nachdenken, in welcher Zeit wir unsere Aufgaben erledigen, Sie im Buchhandel und ich im Bereich des Politischen und der Kommunikation.

Wenn wir sagen, dass wir in einer besonderen Zeit des Wandels leben, dann gibt es genug Bücher und Texte, die genau das beschreiben. Wahrscheinlich fühlen sich sehr viele Menschen in Europa ähnlich wie unsere Vorfahren in der Zeit, als das Maschinenzeitalter begann, eine große Verunsicherung erfasste die Menschen. Und wir haben heute von der kopernikanischen Wende gehört eben, so muss man sich das vorstellen, wenn sich das Welt- und Menschenbild ändert, dann sind die Leute nicht glücklich, sondern viele Menschen fürchten sich vor dem Neuen, und sie fürchten vor allen Dingen den Wandel.

Menschen in ihrer Mehrzahl mögen Wandel nicht. Sondern sie fürchten sich, wenn sie aus dem Vertrauten herausgerissen werden oder wenn sich Menschen allzu schnell aus dem Vertrauten herausbewegen. Solche Menschen werden oft von der Mehrheit verdächtigt.

In dieser Zeit, wo wir durch die Globalisierungsprozesse, durch die Europäisierung und durch die technologischen Innovationen nicht mehr genau wissen, wer wir morgen noch sein werden und wo wir uns zu Hause fühlen, entsteht eine Sorge, dass wir vielleicht uns verlieren könnten. Und aus diesen Ängsten machen andere Menschen Politik.

Und darum braucht die Gesellschaft Inseln der Verlässlichkeit, der Kraft und des Vertrauens. Und in diesen Inseln des Vertrauens, die hoffentlich Eilande sind, große flächendeckende Eilande, werden ganz bestimmte Haltungen unerlässlich sein. Und eine dieser wesentlichen Haltungen, die die Moderne, die die aufklärerische Moderne hervorgebracht hat als Lebensform, ist die gelebte Verantwortung.

Die Verantwortungsfähigkeit des Menschen ergibt sich aus seiner Freiheit. Der Mensch ist zur Freiheit geboren. Aber diese Freiheit ist, nur wenn man sie erträumt, ein einfach nur glücklich machendes Element. So wie wir sie erreicht haben, schafft sie uns neben Glücksgefühlen auch Probleme.

Ich habe mit Begeisterung vorhin den Vortrag von Elke Heidenreich gehört und habe sofort einen Anknüpfungspunkt gefunden mit der Paradiesgeschichte. Mit Adam und Eva und dem Apfel. Und sehr oft spreche ich über einen Autor, der Deutschland verlassen musste im Dritten Reich, Erich Fromm, der drüben in den Vereinigten Staaten nach dem Krieg wichtige Bücher geschrieben hat, auch Bestseller jetzt noch in unseren Jahren bei uns, „Haben oder Sein", „Die Kunst des Liebens".

Aber ein Buch ist weniger bekannt, das heißt „Die Furcht vor der Freiheit". Er hat es unmittelbar nach dem Krieg geschrieben, im Original: Escape from Freedom. Und er beschreibt dort genau diese Geschichte. Um uns einzuladen, ein bisschen in die Problematik der Freiheit tiefer einzudringen. Er erzählt die Geschichte. Und als Psychotherapeut und Psychologe müsste er ja sagen: „Wow, die Geburt der Freiheit." Diese Menschen folgen nicht einem göttlichen Oktroyar, sondern sie erkennen selbst, sie sind entscheidungsfähig, und sie entscheiden sich gegen das Gebot, die Geburt der Freiheit.

Und dann sagt er, er ist ja ein eher links angelegter Theoretiker und Praktiker, dann sagt er: „Aber guckt mal, was ist denn am nächsten Tage. Am nächsten Tag ist dieses Paar außerhalb des Paradieses, es hat Angst, es fürchtet sich, es ist nackt und weiß nicht, wozu es da ist. Was werde ich essen, was werde ich trinken?"

Und es wird sich ein ganzes Leben lang zurücksehnen in diese Zeit einer nicht hinterfragten Daseinsweise. Es kann nicht zurück in den Uterus des Paradieses, es wird draußen sein, es wird sich in der Freiheit bewähren müssen. Und wird lernen müssen, dass es möglicherweise hinreichend ausgestattet ist, um in der Freiheit zu überleben.

Aber immer und immerfort wird es sich zurücksehnen, dieses Wesen, nach einer heilen, geordneten Welt, in der man einfach da sein durfte, ohne dass man ständig in Ängsten oder Zweifeln, auch wer man selber sei, existieren müsse. Es gebe also so etwas wie eine anthropologische Konstante, die darin besteht, dass wir nicht einfach glücklich sein können in der Freiheit, und damit würden wir leben können. Und darum wird es all den Menschen gehen, die in einer selbstbestimmten Form des Daseins verharren möchten. Die es erreichen möchten oder die verharren möchten.

Als wir vor 30 Jahren im Osten, ich in Rostock, viele andere an ihren Heimatorten, aufstanden und die Freiheit wollten mit dem Ruf: „Wir sind das Volk", da ahnten wir noch nicht, was das vollkommen heißen würde, wenn wir einmal selber Gestalter und Träger des Freiheitsbegriffes, des Freiheitsgedankens sein müssten. Wir wussten alle, was Freiheit von Unterdrückung ist, aber wir hatten noch nicht gelebt, was Freiheit zu etwas und für etwas ist.

Und diese Freiheit zu etwas und für etwas, die Freiheit der Erwachsenen, sie hat einen Namen. Und dieser Name ist Verantwortung. Und jedes System, was dem Menschen die Möglichkeit nimmt, seine in ihm ruhende Fähigkeit, eigenständig und eigenverantwortlich für sich und die Menschen und Dinge um ihn herum zu sorgen, jedes System, das ihn daran hindert, ist schlecht für die Menschen.

Auch wenn es sich freundlich gebärden sollte. Und mit großartigen Theorien oder Theoremen meint, man könne eine paradiesische Hoffnung eröffnen.

Es hat sich gezeigt, dass anders, als das marxistische Denken es annimmt, nicht der Besitz an den Produktionsmitteln oder dass die Rolle des Kapitals überhaupt das eigentlich entfremdende Element ist, wenn Menschen nicht zu sich selber finden, sondern es ist die unverschämte Art und Weise, wenn Herrschende Menschen im Dauerzustand der Ohnmacht lassen. Dieses Leben in nicht selbstbestimmter Form, in der nicht autonomen und nicht eigenverantwortenden Form, ist das eigentliche Entfremdungselement, das Menschen unglücklich macht und sie von dem abbringt, was sie eigentlich tun könnten.

Nun kommt aber etwas anderes hinzu. Ich habe, als ich vor einiger Zeit über das Thema Toleranz mir Gedanken gemacht habe, wegen dieser schrecklichen und hasserfüllten Debatten, die jetzt auf uns zukommen, wegen der Trump-Wahl, mit dieser Feindschaft der unterschiedlichen Milieus, die dort existieren, auch wegen einer gewissen Unversöhnlichkeit und neuen orthodoxen Liebe zum Hass, habe ich gedacht, ich muss neu über Toleranz nachdenken.

Und beim Nachdenken darüber ist mir eine Erkenntnis zuteilgeworden aus hauptsächlich angelsächsischen Studien, die mir einen Eindruck davon verschafft hat, dass nicht in allen Menschen in gleicher Weise diese Liebe zur Freiheit und diese Sehnsucht danach, eigenverantwortlich zu leben, in gleichem Maße verankert ist.

Ich habe Kenntnis nehmen müssen davon, dass in 28 untersuchten europäischen Ländern 33 Prozent der Menschen mit einer autoritären Disposition ausgestattet sind. Wir wollen das jetzt nicht verstehen in der alten 68er angeleiteten Schule, autoritär als negativ und speziell deutsch und so weiter. Sondern wir verstehen das mal einen Moment als kernkonservative Prägung.

Und Karen Stenner, eine der wesentlichen Figuren dieser wissenschaftlichen Arbeiten, sagt, dies ist kein intrinsisches Übel, sondern es gibt einen bestimmten Menschentypus, der Wandel eher fürchtet und sich nicht freut darüber, der Sicherheit sucht und Freiheit beängstigend findet, der starke Normierungen mehr schätzt als die Offenheit freier Entscheidung. Der Disput und Streit fürchtet, Einigkeit mag und der gerne angeleitet ist.

Aus einer solchen Haltung, in den USA übrigens nach denselben Untersuchungen 44 Prozent der Bevölkerung.

Diese Haltung, wenn sie recht hat mit der Annahme, dass das kein Übel ist, und ich denke, das hat sie, ist natürlich etwas, was auch Gefahren enthält. Du kannst, wenn du so gestrickt bist, ein wertkonservativer Mensch sein, wichtig für jede Gesellschaft, gute Traditionen zu bewahren. Du kannst aber auch schrecklich abdriften. Du wirst nicht nur Royalist, sondern finsterer Reaktionär.

Reaktionär kannst du in den verschiedensten Farben werden, religiös, rot, schwarz, braun. Und bist dann plötzlich vielleicht sogar Terrorist. Auf alle Fälle aber einer, der die Demokratie und offene Gesellschaft gar nicht mag. Das kann sein, das muss aber durchaus nicht sein.

Genauso wie aus dem anderen Teil der Gesellschaft, den fortschrittsorientierten Progressiven, die den Wandel lieben, die das Risiko einkalkulieren und dann akzeptieren, ja, es muss Wachstum, es muss Wandel, es muss Erneuerung, es muss Wissenserweiterung geben, genau wie aus diesem Felde auch Entartungen gehen. Oder glauben Sie, dass das Wissen allein die Menschen rettet?

Na, das glaube ich nun wirklich überhaupt nicht. Denn die Universitäten waren zur Zeit des Nationalsozialismus und des Herrschaftskommunismus immer gut ausgestattet mit Lehrpersonal. Übrigens auch die Gerichte mit Richtern und die Staatsanwälte mit Staatsanwaltschaften.

Die gut ausgebildeten Teile der Gesellschaft hatten halt andere Ausreden beim Mitmachen in einer Diktatur. Sie waren aber durchaus fähig, das zu leisten.

Deshalb müssen neben unseren Bemühungen mit Wissen und Verantwortungsbereitschaft, ich füge dazu, mit Mut, auch Elemente der Selbstüberprüfung in unsere Lebensgestaltung einbezogen werden. Und da selbst sind Debatten darüber, was uns wertemäßig orientiert und was uns ausmacht, unbedingt wichtig, um Zukunft zu gestalten.

Ich komme aber zu diesem Element der Verantwortung zurück. Indem wir nun die Auseinandersetzung derer, die nicht, wie ich vorhin sagte, sich sehnen danach, eigenverantwortlich zu sein, Türen aufzustoßen, dem Fortschritt Bahn zu brechen, die anderen dazu gesellen, die sich fürchten vor allzu schnellem Wandel, haben wir eine Debattenlage in der offenen Gesellschaft, die nur dann zu ertragen ist und zu Fortschritten führt, wenn sie zivilisiert ist.

Und zivilisiert wurde das Umgehen der unterschiedlichen Miteinander durch die Idee der Toleranz. Die Differenz, die sich immer mehr zeigen wird in den modernen Gesellschaften, sie ist einfach da, die können wir nicht uns wegzaubern. Und immer, wenn wir in Differenz miteinander leben, wird das Element der Toleranz anwesend sein müssen, um dieses Leben überhaupt zu ertragen oder es positiv zu gestalten. Und darum ist für mich dieses Paar Verantwortungsbereitschaft/Verantwortungsfähigkeit und Bereitschaft, Toleranz zu leben, so enorm überlebenswichtig. Denn es gibt eine unglaubliche Dynamik in Zeiten der Ängste, und ich sprach vorhin über unsere Zeit, rüberzuswitchen zu denen, die vorgeblich eine Lösung haben, die uns aus den Schwierigkeiten der Moderne befreit.

Die Botschaften der rechtsnationalistischen Populisten, egal wo sie agieren, sind immer gegen die Vielfalt der Moderne gerichtet, gegen die Differenz. Sie beziehen sich auf etwas, was bei uns in Deutschland zum Beispiel gar nicht mehr herstellbar ist, eine homogene Nation, wie sollen wir das machen, wie wäre das möglich bei unseren offenen Grenzen, bei unseren Wirtschafts- und kulturellen Beziehungen, bei unseren Universitäten und Unternehmen? Überhaupt nicht denkbar.

Aber es wird davon geredet, als wäre die schöne alte Zeit, als wir alle einander kannten und dieselbe Sprache sprachen, noch wieder herzuholen.

Konzepte, die keine Zukunftsfähigkeit beinhalten, aber trotzdem verängstigten Menschen einen Raum geben, in den sie flüchten können.

Und das ist so eine so ernsthafte Bedrohung, dass wir, die wir anders gestrickt sind, die wir uns nicht vor der Zukunft fürchten, nicht vor dem Wandel fürchten, sondern den Wandel im Grunde als das beständig uns Begleitende sehen, wir müssen das sehen und lernen, einen Großteil dieser Menschen nicht als Feinde zu betrachten, solange sie nicht Feinde sind. Und mit ihnen in einer Weise zu reden, die anders ist, als wir es vielfach bisher gemacht haben.

Wenn die progressiven Eliten nur mit Sprachen und Themen zugange sind, die einem großen Teil der Gesellschaft nichts sagen, und das haben wir in den USA erlebt, dann gibt es ein Rachebedürfnis derer, die nicht mitgenommen werden bei Debatten und die nicht beachtet werden bei ihren Lebenswünschen und Bedürfnissen.

Und deshalb gibt es so etwas wie eine kulturelle Problematik. Es ist nicht das Soziale, was die Ossis veranlasst, so zu wählen, wie sie gewählt haben. Wenn es das wäre, würde ja die Linkspartei reüssieren. Und in Frankreich würden die Kommunisten oder die Sozialisten reüssieren. Das Gegenteil ist aber der Fall. Und in den besten Demokratien der Welt, die wir haben, in Skandinavien, in der Schweiz und in den Niederlanden, gibt es da soziale Notstände? Gibt es nicht.

Aber es gibt eine bestimmte Bevölkerungsgruppe, die das Gefühl hat, das uns Vertraute, das wird uns genommen. Dass dieses Gefühl zum Teil herrührt aus einer bösartigen Propaganda über Zuwanderung, lasse ich mal dahingestellt sein. Aber es gibt eine Sorge, die eher kulturell konnotiert ist und nicht sozial, die da sagt, dürfen wir morgen noch die sein, die wir gestern waren.

Und aus dieser Angst heraus wählen in den besten Gesellschaften der Welt gebildete Menschen, nicht nur Abgehängte, Parteien, von denen ich sagen muss, ich brauche sie nicht. Ich brauche sie nicht in dieser offenen, freien, demokratischen Gesellschaft. Sie sind für mich einfach reaktionär.

Aber es sind Menschen da, deren Angst sie dort hintreibt. Und ich möchte nicht, dass wir all diesen Menschen, die in dieser Weise wählen, dass sie ihnen gegenüberstehen als wären sie schon Feinde der Demokratie. Und deshalb möchte ich gerne, dass wir über die Art und Weise, wie wir tolerant sind, reden und in die unterschiedlichen Richtungen einen erweiterten Toleranzbegriff propagieren. Das hat nix mit Sympathie zu tun. Denn Toleranz heißt nicht, das, was ich toleriere, achte ich auch und respektiere ich auch. Das ist Toleranz im guten Sinne. Also, als ich Kind war, im Norden, bei uns lebten nur Evangelische, wir alle wussten, Entschuldigung, Herr Herder, aber wir wussten doch, es wusste jeder, ich sage es ruhig mal, der Katholik ist falsch.

Zwei Generationen vorher haben Liebesleute katholisch/evangelisch zum Teil noch den Freitod gesucht, weil sie sich nicht heiraten durften. Wenn ich heute auf den Katholikentag gehe oder damals in Rostock meine katholischen Glaubensgeschwister getroffen habe, war ich glücklich, dass der

Herr sie geschaffen hatte. Ich dachte mir, wenn es so viele Linksprotestanten gibt, muss sich der Allmächtige was dabei gedacht haben, dass er seine Katholiken erschuf. Wahrscheinlich hätte ich nicht so gesprochen, wenn ich hinter Paderborn aufgewachsen wäre. Aber bin ich ja nun mal nicht.

Das heißt, ich habe gelernt, es gibt eine Toleranz gegenüber dem anderen, die ist einfach für mich schön, befriedigend, und das macht mir keine Mühe und ich kann achten und respektieren. Wissen Sie, katholisch, toll, ich brauche keinen Papst, ich kann diesen ollen Weihrauch auch nicht riechen, aber ich mag meine katholischen Glaubensgeschwister, so. Und ich habe keine Probleme damit, wenn in meiner Berliner Nachbarschaft Leute, die Muslims sind, mir begegnen, die mir entweder die Haare schneiden oder im Geschäft begegnen oder die die Arbeit machen, die meine eigenen Kinder nicht machen wollen. Und ich sehe, wie sie ihre Töchter zum Abitur führen und stolz darauf sind, wenn die studieren. Wow, voller Respekt und Anerkennung.

Und dann gibt es etwas, wo ich diese Toleranz gar nicht, fast gar nicht kann. Und das ist, wenn mir politische Auffassungen oder menschliche Haltungen begegnen, die ich total ablehne. Ich mag diese Heilsversprecher nicht. Ich kann weder Kommunisten ertragen noch Faschisten. Ich finde es wirklich schrecklich.

Und ich weiß, dass nicht jeder, der heute rechts außen wählt, Nazis haben will, aber ich kann nicht ertragen, dass da eine Partei, ich kann nicht klaglos ertragen, dass da eine Partei existiert, die sich von völkischem Gedankengut nicht richtig trennen mag, sondern das alles noch für normal hält. Da gibt es eine Grenze von mir, wo ich sage, das lehne ich zutiefst ab.

Und dann, dann streite ich mit ihnen. Bis aufs Messer, wenn es nötig ist. Also, Messer ist jetzt ein bisschen aggressiv, ich hab keins. Aber wirklich, ich möchte auch gewinnen. Aber ich möchte, und ich möchte, dass wir auch nicht locker lassen, dass wir unsere Argumente wirklich auch stärken, dass wir Beistand organisieren. All das will ich. Aber ich will nicht so tun, als gehörten sie nicht zu dieser Gesellschaft. Sie sind da, ich mag sie nicht, und indem ich mit ihnen streite, nenne ich das noch eine kämpferische Toleranz. Das mag nicht jeder hören, weil es gemütlicher ist, sich unter sich besser zu bewaffnen, bessere Argumente zu sammeln, die Wagenburgen zu stärken, aber es ist die einzige Form, denke ich, wenn wir die offene Gesellschaft erhalten wollen, den Toleranzbegriff nicht zu verengen auf das, was uns sympathisch oder erträglich erscheint.

Eins geht, das geht aber nur unter einer Bedingung, dass wir genau wissen, dass wir auch intolerant sein müssen. Dass wir dort, wo Hass und Menschenfeindlichkeit und Verachtung, wo das wirklich politisch Raum greift und wirkt, dass wir dort sagen, es ist Schluss, hier wird auch nicht toleriert, hier wird der Staatsanwalt gefragt, ist das nicht so weit, dass du eingreifen musst.

Und hier werden unsere Sicherheitsbehörden beauftragt, hier wird die Verfassung verlassen und hier wollen wir unsere Verfassung geschützt sehen. Also, Intoleranz ist zwingend nötig, wenn wir die Toleranz ausweiten. Und dies ist natürlich eine schwierige Aushandelnssache. Aber alle unsere Dinge werden ausgehandelt in der offenen Gesellschaft. Unsere Steuern, unsere Renten, unsere Umweltpolitik, unsere Sicherheitspolitik, alles wird ausgehandelt. Nichts ist von vorneherein klar.

Und darum brauchen wir, in diesem sehr beweglichen Gebilde einer offenen Gesellschaft brauchen wir tragende Elemente. Und die Toleranz ausgeübt von denen, die wissen, dass sie diese wunderbare Fähigkeit haben, sich selber ins Geschäft einzubringen, selber dafür geradezustehen, was richtig und was falsch ist. Oder was weniger falsch ist. Oder richtiger ist. Denn genau um diese Differenzierung geht es ja oft in der Politik. Nicht um das ewig Gültige und ewig Wahre. Sondern um das etwas Bessere.

Das ist manchmal gar nicht besonders lustig und sehr anstrengend. Aber indem wir nicht den Löffel abgeben, nicht eskapistisch werden, nicht einer Kultur des Niedergangs, der Fluchten oder der Verächtlichmachung der Demokratie, aus welchen Gründen auch immer, folgen, ermächtigen wir uns zu dem Handeln, von dem die Aufklärer immer geträumt haben.

Und Sie als Buchhändler sind Diener der Wahrheit. Sie sind auch manchmal Diener der Freude, oder die Leute wollen unterhalten und amüsiert werden, das sollen Sie auch alles verkaufen. Aber unser Buchhandel hat die Aufklärung mit gebaut, hat sie mit stabilisiert. Und diese Rolle bleibt Ihnen. Und sie bleibt Ihnen zusammen mit all denen, die sich um diese Landschaft der Aufklärung bemühen.

Und deshalb brauchen wir auf der einen Seite ein weites, gelassenes Verständnis davon, was alles möglich ist in einer offenen Gesellschaft. Und eine völlig ernsthafte, mutige Entschlossenheit, niemals nur uns treiben zu lassen wie ein Blatt im Wind, sondern unsere Rolle einzunehmen. Unsere Rolle voller Verantwortung und unsere Rolle in Toleranz, Freiheit zu leben.

Ich schließe mit einer kleinen Reflexion, die aus meinem früheren Leben herstammt. Ich war früher evangelischer Pastor und habe meistens in Rostock an der Ostsee gearbeitet.

Also, als ich dort ein Theologiestudent war und später ein junger Pastor, habe ich immer mich vor bestimmten Sätzen der Bibel gefürchtet. Unsere alte Heilige Schrift ist in uralten Zeiten zusammengesetzt, und unglaublich vieles mythisches Material ist dort gruppiert um die ewigen Wahrheiten, die man gerne über Gott aussagen möchte.

Und in diesem alten, uralten Material gibt es diese eigentümlich schöne und von tiefem psychologischen Wissen geprägte Schöpfungsgeschichte. Und es gibt in dieser Geschichte einen anderen Satz als den vorhin zitierten, und da heißt es, Gott schuf den Menschen zu seinem Bilde, zum Bilde Gottes schuf er ihn. Und ich war nach dem Krieg ein Theologiestudent. Ich hatte über Auschwitz gelesen. Ich mochte kein antropomorphes Gottesbild und konnte mir nicht vorstellen, dass diese Botschaft mir irgendetwas sagen würde.

Und ich sagte zu mir, du wirst niemals darüber predigen, das tust du nicht. Also, du wirst andere Texte finden, die nicht so schwer sind.

Irgendwann war ich alt geworden, das geht dann doch schneller, als man denkt, und dann begegnete ich diesem Text wieder. Ich war über 70. Und dann las ich das und sagte: „Ach, was für ein wundervolles Wort." Und ich hab es so gelesen: Und irgendwann schuf Gott, für die nicht Glaubenden, entstand im Menschen die wunderbare und einmalige Gabe, Verantwortung zu übernehmen für sich und alles, was um ihn herum ist. Kein anderes Lebewesen hat diese Verantwortung. Sie haben alle möglichen Gaben, aber dieses, diese Fähigkeit zur Verantwortung, ist nicht in ihnen.

Und für mich war es ganz klar, wenn man sich traut, so etwas wie Gott-Ebenbildlichkeit zu sagen, dass vielleicht am ehesten dort ein Element der Gott-Ebenbildlichkeit zu finden ist. Und ich meine damit, etwas zu finden ist, was uns im tiefsten Kern ausmacht. Und ich bin total glücklich, in einem Raum zu leben, in dem Menschen nicht gehindert werden, das, was sie eigentlich ausmacht, im politischen Raum und untereinander als soziale Wesen zu leben. Wir sind begabt und befähigt zu der wunderbaren Gabe der Verantwortung. Und jeder auf seine Weise kann das leben. Und wenn wir diese Gabe preisgeben, werden wir schlechte Gefühle haben. Toleranz wie Verantwortung sind nicht nur glücklich machende Tugenden, sondern sie sind auch Gebote der menschlichen Vernunft. Sie zu befolgen nützt uns allen.

Ich danke Ihnen für Ihre Geduld!

Applaus

Der Buchhandel als Formel 1: Jeder für sich – und doch alle gemeinsam

In der Douglas-Gruppe, aber nicht im Buchbereich wollte Michael Busch Karriere machen. Doch es kam anders. Michael Busch hat die Entwicklung von Thalia seit den 1990er Jahren entscheidend geprägt. 2016 dann baute er zusammen mit seinen Mitgesellschaftern Thalia zum größten europäischen Buchhandelsunternehmen aus. Diese Wachstumsgeschichte schreibt er konsequent fort.

1993 kamen Sie als Controller zur Douglas-Gruppe.
Welche Pläne hatten Sie damals?

Für mich war glasklar: Was ich niemals will und machen werde, das ist – Buch. Ich sagte mir: Die Parfümerie Douglas ist ein großes internationales Unternehmen und hat ein überschaubares Sortiment, zudem ein sehr dynamisches Wachstum, da kannst du viel lernen und schnell Karriere machen. Aber nicht im Buchbereich: Das Konzept von Montanus war nicht erfolgreich. 1994 gab ich deshalb eine kritische Beurteilung zu Phönix-Montanus ab. Inhalt des Papiers: Entweder ein umfassender Strategiewechsel mit langfristiger Perspektive oder schnellstmöglich verkaufen.

Es wurde nicht nur der umfassende Strategiewechsel, Sie waren vielmehr maßgeblich beteiligt. Wie kam es dazu?

Ich hatte ein neues Logistikkonzept zusammen mit dem Buchgrossisten KNV sowie die Planung für das nächste Geschäftsjahr erarbeitet. Dieses Gesamtpaket stellte ich in einer Planungssitzung dem damaligen Vorsitzenden des Vorstands der Douglas Holding, Dr. Jörn Kreke, und dem Finanzvorstand Heinz Schmidt vor. Ich ging in diese Sitzung mit der Vorstellung, dass dies der letzte Tag meines Engagements für den Buchbereich sein würde. Heraus kam ich aber mit der Frage: „Sie scheinen ja daran zu glauben – wollen Sie das nicht machen?" Ich war fest entschlossen, es nicht zu tun, bis meine Frau Elke mich überzeugte, dass dies eine Riesenchance sei. Und wie es dann so ist: Bei wichtigen Themen setzt sich die Ehefrau durch. Seitdem ist die Entwicklung von Thalia hin zu einem Buchhandelsunternehmen, das wirtschaftlich erfolgreich ist und zugleich den Menschen einen echten Mehrwert bietet, meine Passion.

Sie waren erst 30 und arbeiteten an einer Strategie für den Buchhandel, die Herder-Geschäfte kamen zum Unternehmen dazu, es bewegte sich sehr viel. Wie sah die Händlerfamilie Kreke diese Dynamik?

Der Rückhalt war da. Das ist aus der Douglas-Philosophie heraus zu verstehen, jungen Leuten sehr früh viel Verantwortung zu geben – und dann am Ende zu bewerten, ob das passt oder nicht. Auch Heinz Schmidt war jederzeit für mich da, obwohl ich, was das Thema Führung anging, gerade für die Buchleute gewöhnungsbedürftig war. Was daran lag, dass ich eine schnelle und prozessorientierte und teilweise militärisch geprägte Arbeitsweise gewohnt war, im damaligen Buchhandel ging es dagegen weniger dynamisch zu. Oder anders ausgedrückt: Ich wollte häufig schlicht mit dem Kopf durch die Wand.

Wie wurden Ihre Unternehmungen darüber hinaus in der Branche gesehen?

Montanus wurde als Buchhändler nicht ernst genommen, allerdings vom elitären Kreis der großen Buchhandelsunternehmer, dem sogenannten Falkauer Kreis, genau beobachtet: Hugendubel im Süden, im Westen die Mayersche, Bouvier und Gonski, im Norden Thalia, also die Familie Könnecke. Wir waren zwar damals, insgesamt gesehen, so groß wie Hugendubel, regional gesehen aber jeweils kleiner als jedes dieser Regional-Buchhandelsunternehmen.

INTERVIEW MICHAEL BUSCH

Was bedeutete das?

Strategisch war das für uns eine gefährliche Lage. Denn wenn die vier oder fünf regionalen Platzhirsche ihre Stärke richtig ausspielen, dann kämpfst du nach allen Seiten und wirst schnell überrannt. Schließlich begann Heiner Hugendubel, in Süddeutschland zu verdichten, und Jürgen Könnecke im Norden. Hamkens expandierte von Kiel und Lübeck an der ganzen Küste entlang, später auch in den neuen Bundesländern, und die Mayersche mit größeren Flächen im Westen, in Duisburg und in Köln. Uns machte diese Entwicklung große Sorgen. Die vier sprachen miteinander, um zu kooperieren, möglicherweise auch mit dem Großhändler Libri. Was passiert, wenn sie zusammengehen? Das war unser Horrorszenario!

Welche Strategie verfolgten Sie?

Wir wollten einen Buchhändler aus diesem Zirkel herausbrechen, in der Hoffnung, dass das Gemeinschaftsprojekt der anderen scheitert und wir in Folge die marktführende Position besetzen können. Hugendubel als Nummer eins würde selbst den Anspruch haben, diese Allianz zu führen. Hamkens war im Norden isoliert und für uns nicht attraktiv. Bei der Mayerschen war Hartmut Falter gerade erst in das Unternehmen eingestiegen – es war anzunehmen, dass er nicht verkaufen würde. Von Jürgen Könnecke wussten wir aber, dass seine beiden Töchter nicht übernehmen wollten, und er war im Norden mit Thalia super aufgestellt. Das war unsere präferierte Lösung.

Sie kamen tatsächlich zusammen.

Welche Konsequenzen hatte das?

Dieser Zusammenschluss veränderte die Buchhandelsbranche nachhaltig und bedeutete damals den Durchbruch für Phönix-Montanus. Das angedachte Gemeinschaftsprojekt zwischen den vier großen Regionalbuchhändlern kam nicht mehr zustande. Unser Unternehmen war Marktführer geworden und hatte mit Thalia eine starke, bekannte und traditionsreiche Marke gewonnen.

Wenn Sie an die Zeit damals zurückdenken – was war der Schlüssel zum Erfolg?

Es gehört beides dazu: Können und Glück. Ich erinnere mich noch genau, wie ich mir einige Jahre lang vorhalten lassen musste, dass der von mir forcierte Einstieg bei buch.de die größte Fehlentscheidung sei, die Douglas je getroffen hat. Dass Amadeus in Österreich zum Verkauf stand, weil Libro in Konkurs gegangen ist, oder dass der E-Commerce-Bereich etwas schneller als gedacht wuchs – das waren Entwicklungen, die wir nicht beeinflussen konnten. Der ganze Markt drehte sich in kurzer Zeit in eine andere Richtung. In der Folge konnten wir renommierte regionale Buchhandelsgruppen zu uns holen. Die zehn Jahre von 2000 bis 2010 waren ein Quantensprung, der das Unternehmen sehr stark gemacht und bis heute geprägt hat. Aber der Nukleus war: Mitte der 1990er Jahre aus Montanus und Phönix eine Firma zu machen, komplett auf Vollsortimentsbuchhandel umzustellen, in die aggressive Expansion zu gehen.

Sehen Sie im Rückblick bei allem Erfolg auch Fehler?

Natürlich. In der Stunde des größten Erfolgs machst du in der Regel auch die größten Fehler – das ist meine Lebenserfahrung. Mein Fehler war es, an der Erfolgsstrategie der Jahre bis 2010 zu lange festzuhalten: Weiter expandieren, noch größere Buchhandlungen aufmachen, um eine noch stärkere Position im Markt zu erreichen.

Wo lagen die Herausforderungen?

Wir hatten ein positives Wachstum in der Dekade 2000 bis 2010. Dann aber kam dreierlei zusammen: Die Läden, die wir neu eröffnet hatten, waren zu groß, wir erreichten die gewünschten Ziele nicht; das Umsatzwachstum nahm auf vergleichbarer Fläche ab, die neuen Buchhandlungen kamen nicht richtig in Schwung, die alten verloren an Rentabilität; und das Internet war auf dem Vormarsch, am Horizont erschienen die Themen Digitalisierung und E-Book. Das führte dazu, dass sich das beste bis dahin jemals erreichte Ergebnis von 2010 innerhalb von nur zwei Jahren auf ungefähr ein Drittel reduzierte – es ging erschreckend schnell.

Was haben Sie daraus gelernt?

Demut. Den Umgang mit Zweifeln und die Überzeugung, dass man sich immer wieder – zumindest in Teilen – neu erfinden muss und auch kann! Wir haben auf die neue Situation reagiert und sind, anfangs von McKinsey begleitet, in den Jahren 2012 bis 2014 durch eine sehr harte Restrukturierungsphase gegangen. Wir wollten das aus eigener Kraft schaffen und mussten zusätzliche Ertragspotenziale von ungefähr 90 Millionen Euro heben. Das war anderthalb Mal so viel wie das Ergebnis, das wir vor der Krise gemacht haben.

Mit welchen Perspektiven haben 2016 die Familien Herder, Kreke, Göritz und Busch Thalia übernommen?

Wir gingen davon aus, dass wir vier bis fünf Jahre brauchen, um unsere Schulden zu bezahlen. Wenn es ganz gut läuft, so die einhellige Meinung, dann schaffen wir es in drei Jahren. Tatsächlich haben wir es in zwei Jahren geschafft. Jetzt sind wir in der glücklichen Lage, mit eigenen Mitteln wieder mit Augenmaß zu wachsen. Wir investieren stark in unsere Buchhandlungen, weil wir nach wie vor an den stationären Handel glauben.

Im Januar 2019 gaben Sie die Fusion mit der Mayerschen Buchhandlung bekannt. Was bedeutet dieser Schritt für Thalia und Sie selbst?

Für Thalia war dies der Ritterschlag, für mich persönlich die Erfüllung eines Traums, der Mitte der 1990er Jahre begonnen hatte. Mit Hartmut Falter habe ich einen guten Freund und erfolgreichen Unternehmer an meiner Seite. Wir bieten bei Mayersche Thalia der Branche eine Plattform und ein Partnerschaftsmodell, das es auch in Zukunft erlaubt, Buchhandel erfolgreich zu betreiben – auf Augenhöhe mit Global Playern! Wir als deutsche Buchbranche müssen unser eigenes Paket schnüren, um einer ausreichend großen Kundenzahl eine gute Alternative zum internationalen Wettbewerb anzubieten. Wie in der Formel 1: eine eigene Strategie, eigenes Material, eigener Fahrer. So können wir auf ausreichend vielen Strecken gewinnen und um den Gesamt-Grand Prix fahren!

2020 haben Sie gemeinsam mit der Buchhandlung Osiander eine Vertriebsgesellschaft gegründet und damit den ersten konkreten Schritt Richtung Branchenplattform gemacht. Wie entwickelt sich das Projekt?

Osiander mit einer beeindruckenden Geschichte im Buchhandel, die bis ins Jahr 1596 zurückreicht, ist ein großartiger Partner. Wie erwartet, denn Hermann-Arndt, Christian und Heinrich Riethmüller sind offen für Innovationen und zugleich kritische Begleiter des Projektes. Die Qualität unserer freundschaftlichen und vertrauensvollen Zusammenarbeit zeigt sich auch in der Dynamik. Unsere Kooperation wurde Ende Oktober 2020 bekannt gegeben und nur ein gutes halbes Jahr später hatten wir alles unter Dach und Fach. Das ist sensationell schnell und vor allem unserem hoch motivierten Osiander-und-Thalia-Tandem-Team zu verdanken. Christian Riethmüller und ich sehen bereits erste Erfolge, so wird der neue Webshop deutlich besser angenommen und wir können die hohen Kosten für Digitalisierung und die IT-Infrastruktur gemeinsam schultern. Aktuell schärfen wir punktuell nach, sodass die neuen Partner, die auf unsere Plattform kommen, schon von unseren Erfahrungen profitieren können.

Mittlerweile leben wir seit mehr als zwei Jahren mit Corona – wie hat sich Thalia in dieser Zeit behauptet?

Es war eine erhebliche Kraftanstrengung, auf die wir maximal flexibel reagiert haben – das hat sehr, sehr viel Kraft gekostet. In den Monaten, in denen alle Läden geschlossen bleiben mussten, haben wir massiv gelitten. Was wir heute festhalten können: Thalia ist krisenfest!

Dank des außergewöhnlichen Engagements unserer 6.000 Mitarbeitenden und weil wir über unsere unterschiedlichen Vertriebskanäle in der Lage sind, vieles auszugleichen. Corona hat unserer Entwicklung, jenseits der kurzfristigen Zahlen, deutlich vorangetrieben. Das hätte ich am Anfang der Pandemie nicht für möglich gehalten.

Sie feiern 100 Jahre Tradition im Buchhandel – was nehmen Sie mit für die nächsten 100 Jahre?

Meine Mitgesellschafter und ich verstehen uns als echte „Bücher-Buben", so hat uns die FAZ 2016 bezeichnet. Natürlich wollen wir als Unternehmer erfolgreich sein, aber uns treibt vor allem die **Idee an, dass wir mit einer Welt, in der Inhalt zählt, die Gesellschaft und jeden Einzelnen ein bisschen besser machen können.** Bildung und Fortschritt, Meinungsvielfalt, Toleranz, Fantasie und neue Horizonte: Wir arbeiten an sinnvollen Themen, das motiviert uns. Der Buchhandel wurde so oft totgesagt – aber das wird nicht passieren! Es werden wieder mehr Menschen lesen, wenn wir unseren Job richtig machen.

Der Diplomvolkswirt und Hauptmann der Fallschirmjäger **Michael Busch** (Jahrgang 1964) trat 1993 als Beteiligungs-Controller in die DOUGLAS HOLDING AG ein und wechselte 1995 als Mitglied der Geschäftsleitung in den Buchbereich der DOUGLAS-Gruppe. Seit 1994 führte er den Buchhandelsbereich zunächst unter der Marke Phönix-Montanus, ab 2001 unter der Marke Thalia. Seit Januar 2003 war er Bereichsvorstand Bücher im Vorstand der Douglas-Gruppe sowie von September 2012 bis März 2015 Vorstandsmitglied der DOUGLAS

HOLDING AG. Im Jahr 2016 wurde Thalia wieder zum Familienunternehmen. Seitdem ist Michael Busch geschäftsführender Gesellschafter des Unternehmens. Unter seiner Führung wuchsen Phönix-Montanus, Thalia und viele weitere traditionsreiche Buchhändler in den letzten 28 Jahren zum bedeutendsten Buchhandelsunternehmen in Europa und weltweit zum größten Buchhändler in Familienbesitz zusammen.

Die Jahre 2020 und 2021: Stimulanz für Innovationen

Am 6. November 2019 beging Thalia seine 100-jährige Geschichte mit einem feierlichen Festakt. Was damals niemand in der Hamburger Elbphilharmonie ahnen konnte: Es standen zwei der herausforderndsten Jahre der Unternehmensgeschichte bevor. Trotz der langen und bereits viele Seiten füllenden Geschichte würde ein Rückblick auf 100 Jahre zu kurz greifen. Die Jahre 2020 und 2021 sind wichtige Bestandteil der Thalia-Geschichte. Denn mit ihnen sind maßgebende Entwicklungen verbunden, die die Zukunft von Thalia prägen werden. Das Unternehmen nutzte die Krise – die Coronapandemie und die damit verbundenen erheblichen Einschränkungen des Wirtschaftslebens – für weitreichende Veränderungen, um die Wettbewerbsfähigkeit gegenüber dem internationalen Internethandel zu erhöhen. Die Krise wurde zur Stimulanz für Innovationen.

Verantwortung für lebendige Innenstädte

„Wir wussten alle, was Freiheit von Unterdrückung ist, aber wir hatten noch nicht gelebt, was Freiheit zu etwas und für etwas ist. Und diese Freiheit zu etwas und für etwas, die Freiheit der Erwachsenen, sie hat einen Namen. **Und dieser Name ist Verantwortung.***" (Joachim Gauck, 6. November 2019)*

In der Krise zeigte Thalia seine Stärke. Das Unternehmen wurde dem von Joachim Gauck in der Festrede so deutlich

Michael Busch vor dem Kanzleramt

formulierten Ruf nach Verantwortung auch in den Krisenjahren 2020 und 2021 gerecht. Es ist die vom ehemaligen Bundespräsidenten beschworene Verantwortung für etwas, die Thalia in die Tat umsetzte: für Mitarbeitende und für das Unternehmen, für lebendige Innenstädte und für den Buchhandel, für die einfache Verfügbarkeit von Büchern und für das Lesen sowie für Wissen und Bildung in Deutschland.

Im März 2020 mussten Ladengeschäfte zum ersten Mal wegen der Pandemie schließen, im Dezember folgte ein weiterer Lockdown, der bis in den Mai 2021 andauerte. Somit fiel auch das wichtige Weihnachtsgeschäft in den deutschen Einkaufsstraßen aus. Trotz der wirtschaftlichen Einbußen musste Thalia keinen Laden schließen, niemanden entlassen und war zugleich in der Lage, das Kurzarbeitergeld auf bis zu 100 Prozent aufzustocken.

Aber viele andere Einzelhändler haben die Schließungen nicht überlebt. „Ehemals lebendige Teile der Innenstädte werden so zu blutleeren Straßen", fasste Michael Busch die

Auswirkungen der Lockdowns zusammen. Gemeinsam mit einer Gruppe von Handelsunternehmen startete Thalia im Frühjahr 2021 die Kampagne „Das Leben gehört ins Zentrum", mit der erfolgreich auf die prekäre Situation des Einzelhandels in den Innenstädten aufmerksam gemacht werden konnte. Thalia in Person von Michael Busch wurde zur unbequemen Stimme, die die Zwangsschließungen unter dem Motto „Der Einzelhandel ist kein Infektionstreiber" infrage stellte und für höhere Wirtschaftshilfen eintrat.

Das Bild der Geisterstädte während der Pandemie führte deutlich vor Augen, welche hohe gesellschaftliche Relevanz vitale Innenstädte haben. Auch in diesem Zusammenhang begriff Thalia die Krise als Chance und engagierte sich weiterhin für die Stadtentwicklung. Die Buchhandlung ist sozi-

24/7 erreichbar für die Kunden

aler Treffpunkt sowie Kulturort und trägt wesentlich zur Attraktivität der Innenstädte bei. Die Buchläden sind unverzichtbare Anker für den umliegenden Handel. So ermöglicht Thalia zusammen mit Partnern Bündnisse für lokale und regionale Wertschöpfung.

Die Branchenkrise verstärkte zudem die Vernetzung mit anderen lokalen Händlern und wurde ein Treiber für mehr Zusammenarbeit. Dieses Momentum nutzte Thalia und initiierte bereits im Frühjahr 2020 gemeinsam mit dem Buchhandelsunternehmen Osiander die Einzelhandelsplattform „shopdaheim". Thalia stellte sein digitales Know-how zur Verfügung, um vor allem kleine Läden bei der dringend notwendigen Digitalisierung zu unterstützen. Auf shopdaheim.de/at war das Geschäft „in der Nähe ... in deiner Gegend" auch während der Corona-bedingten Schließungen für seine Kunden erreichbar. Mit rund 25.000 Händleradressen ist „shopdaheim" aktuell das größte nationale Händlernetzwerk auf einer digitalen Plattform. Dabei profitieren sowohl große Filialisten als auch kleine Händler von der hohen Reichweite der Gemeinschaft.

Sein Know-how für IT, Webshop und Beschaffung gibt Thalia auch an andere Buchhändler in einem neu geschaffenen Partnerschaftsmodell weiter. Das traditionsreiche Unternehmen Osiander mit 69 Buchhandlungen sowie weitere lokale Buchhändler konnten bereits für die Zusammenarbeit gewonnen werden. Ihr Vorteil: Sie greifen auf die Thalia IT-Infrastruktur und Vertriebsstrukturen zurück, optimieren ihre digitale Präsenz und können sich so gegen internationale Internetriesen behaupten, bleiben aber selbstständige Unternehmer.

Überall dort, wo der Kunde ist, sind Bücher

„Deshalb brauchen wir gerade gegenüber den großen Ver-
sandmaschinerien Menschen, die intensiv daran arbeiten,
Strategien zu entwickeln, **wie das Buch zu den Menschen**
kommt. *Und die auch die wirtschaftliche Macht haben zu*
überleben." *(Joachim Gauck, 6. November 2019)*

Trotz des wirtschaftlichen Dämpfers durch die Pandemie
hält Thalia an seinem Ziel fest, in fünf Jahren die Anzahl an
Kunden zu verdoppeln und dazu beizutragen, die Anzahl
der Nichtleser zu halbieren. Denn die Jahre 2020 und 2021
zeigten auf eindrückliche Weise: Thalia ist krisenfest und auf
dem richtigen Weg!

Nicht erst seit Corona bewegen sich die Menschen ganz
selbstverständlich zwischen der On- und Offline-Welt. Dieses Einkaufsverhalten ist Dreh- und Angelpunkt für die Omni-Channel-Strategie von Thalia. Thalia setzt auf eine immer
engere Verzahnung der Vertriebskanäle, sodass stationäres
und digitales Geschäft gleichermaßen davon profitieren
können. So können Kunden online bestellte Bücher im Laden abholen, das stetig wachsende Netzwerk von Abholsta-
tionen nutzen oder sich das Buch von einem Fahrradkurier
liefern lassen. Und mit der Lieblingsbuchhändler-App hat
Thalia die Beratungskompetenz der Mitarbeitenden in die
digitale Welt überführt. Auch wenn durch die Schließung
der Ladengeschäfte während der Pandemie der E-Commerce
einen kräftigen Schub erhalten hat, betrachtet Thalia seine
Vertriebskanäle weiterhin gleichberechtigt. Das Unternehmen investiert sowohl in das Buchhandlungsnetzwerk als
auch in den Ausbau der Omni-Channel-Dienstleistungen.

Als weitere Säule wächst der Systemhandel. Neben den 470 Buchhandlungen im Netzwerk ist Thalia auf rund 4.000 Flächen im Einzelhandel, wie z. B. in Drogeriemärkten, SB-Warenhäusern und im Lebensmitteleinzelhandel, präsent. Ziel ist es, diesen Bereich weiter auszubauen und neue Zielgruppen zu erreichen. Oder anders ausgedrückt: Überall dort, wo der Kunde ist, sind Bücher.

Mit dem Zukauf von Lehmanns Media, einem der führenden Fachinformationshändler für Bücher, Fachzeitschriften und elektronische Medien, und der Zusammenführung mit seinem bestehenden B2B-Geschäft ist Thalia nun auch dort vertreten, wo Bücher und Nachschlagewerke, Wissen und Bildung zu Hause sind, wie z. B. in Bibliotheken, Goethe-Instituten, Kliniken und Einrichtungen der öffentlichen Hand.

Unsere Aufgabe: Wach bleiben

Ich möchte, dass dies in den privat familiengeführten Unternehmen vorhandene Bewusstsein, ich bin nicht nur verantwortlich für meine Bilanzen, sondern auch für die Menschen, die mit mir arbeiten, und für das Gemeinwesen, in dem ich arbeite, dass dieses Grundbewusstsein erhalten bleibt. (Joachim Gauck, 6. November 2019)

Thalia hat mit breiter Partizipation im Unternehmen im Zuge der Neupositionierung des Unternehmens in den Jahren 2018–2020 den Anspruch definiert, „als Botschafter geistiger Nahrung Menschen und Gesellschaft ein bisschen besser zu machen". Das Unternehmen, allen voran Michael Busch, ist davon überzeugt, dass lesende Menschen für die Herausforderungen der Zukunft besser gerüstet sind.

Deswegen engagiert sich der Buchhändler in vielfältiger Weise in der Leseförderung und -motivation von Kindern und Jugendlichen. Durch die Mitgliedschaft im Stifterrat der Stiftung Lesen unterstützt das Unternehmen die Leseförderung vor allem von Kindern, Jugendlichen und deren Familien, die in einem bildungsbenachteiligten Umfeld leben. Zudem veranstaltet Thalia zahlreiche Events für junge Leser in seinen Buchhandlungen, wie z. B. am „Bundesweiten Vorlesetag" und am „Welttag des Buches". Die Thalia Vorleserinnen und Vorleser, ein Lesestarter-Set für Erstklässler, das rund 100.000-mal im Jahr verschenkt wird, und ein sorgfältig kuratiertes Kinder- und Jugendbuchprogramm sind weitere Bestandteile der Thalia-Leseförderung.

Mit der Kampagne „Welt, bleib wach." macht sich Thalia für Werte wie Bildung, Demokratie & Sicherheit, Familie und Nachhaltigkeit stark. Mit meinungsstarken Motiven, Podiumsveranstaltungen und kuratierten Themenwelten in den Buchhandlungen und im Web-Shop will Thalia im wahrsten Sinne des Wortes wachrütteln und zu Diskussionen anregen. Auch diese Initiative steht interessierten Unternehmen offen, die sich für das Lesen, tief gehende Inhalte und eine demokratische Debattenkultur einsetzen möchten. Leider haben die Pandemiejahre gezeigt, dass heute mehr denn je gilt: Wach bleiben!

Frühjahr 2022. Mit rund 470 Buchhandlungen im Netzwerk und rund 6.000 Mitarbeitenden im gesamten deutschsprachigen Raum ist Thalia das bedeutendste Buchhandelsunternehmen Europas. Ein Selbstläufer ist der Buchhandel nicht. Das Internet bleibt die größte Herausforderung: die Konkurrenz durch multinationale Internetkonzerne ebenso wie die starke Einbindung vieler Menschen in digitale Welten, die Zeit und Aufmerksamkeit binden.

Dennoch: Thalia sieht optimistisch in die Zukunft, und dafür gibt es gute Gründe. Kurz bevor das Unternehmen seinen 100. Geburtstag im November 2019 feierte, konnte Thalia CEO Michael Busch bei einer Pressekonferenz ein Rekordergebnis bekannt geben: Thalia habe das vergangene Geschäftsjahr mit dem besten Ergebnis der Unternehmensgeschichte abgeschlossen. Daran will das Familienunternehmen nun wieder anknüpfen. Für den geschäftsführenden Gesellschafter Michael Busch und seine Mit-Gesellschafter Manuel Herder, Henning Kreke, Leif Göritz und Hartmut Falter ist Thalia die wichtigste Ladestation für Wissen und Bildung in Deutschland und auf dem richtigen Weg in die Zukunft.

Die Gesellschafterfamilien (v.l.n.r.): Falter, Göritz, Kreke, Herder, Busch mit Bundespräsident a. D. Joachim Gauck anlässlich der Jubiläumsfeier in der Elbphilharmonie, November 2019

1919 **2022**

Stationen der Thalia Geschichte von der Gründung im Thalia Theater zum europäischen Marktführer und größten familiengeführten Buchhändler der Welt – drei Generationen Kontinuität

15.8.1919: Gründung der Thalia Buchhandlung in Hamburg

1965: Jürgen Könnecke wird Mitinhaber.

2000: Phönix-Montanus erwirbt die Schweizer Buchhandlungen Jäggi und Stauffacher und sichert sich damit die Marktführerschaft in der Schweiz. 2003 kommt die ZAP* „Zur alten Post" hinzu.

2004: Jürgen Könnecke scheidet aus der Geschäftsführung von Thalia aus.

1931: Erich Könnecke kauft die Thalia Buchhandlung.

1985: In Hamburg entsteht das erste Thalia Buchkaufhaus.

1994: Phönix und Montanus aktuell schließen sich unter dem Dach der Douglas Holding zur Phönix-Montanus-Gruppe zusammen.

2002: 23 Amadeus-Buchhandlungen in Österreich werden Teil der Thalia Gruppe. Auch hier ist das Unternehmen fortan Marktführer. **2004:** Kober-Löffler, Bouvier, Campe kommen unter das Thalia-Dach.

1979: Mehrheitlicher Erwerb von Montanus aktuell durch die Hussel Holding

1993: Michael Busch tritt bei Douglas – und **1994** in die Geschäftsleitung des Buchbereiches ein.

1999: 1. Beteiligungsstufe vor dem Börsengang bei buch.de. **2003:** buch.de erwirbt buch.ch

2001: Thalia schließt sich unter dem Dach von Douglas mit Phönix-Montanus zusammen.

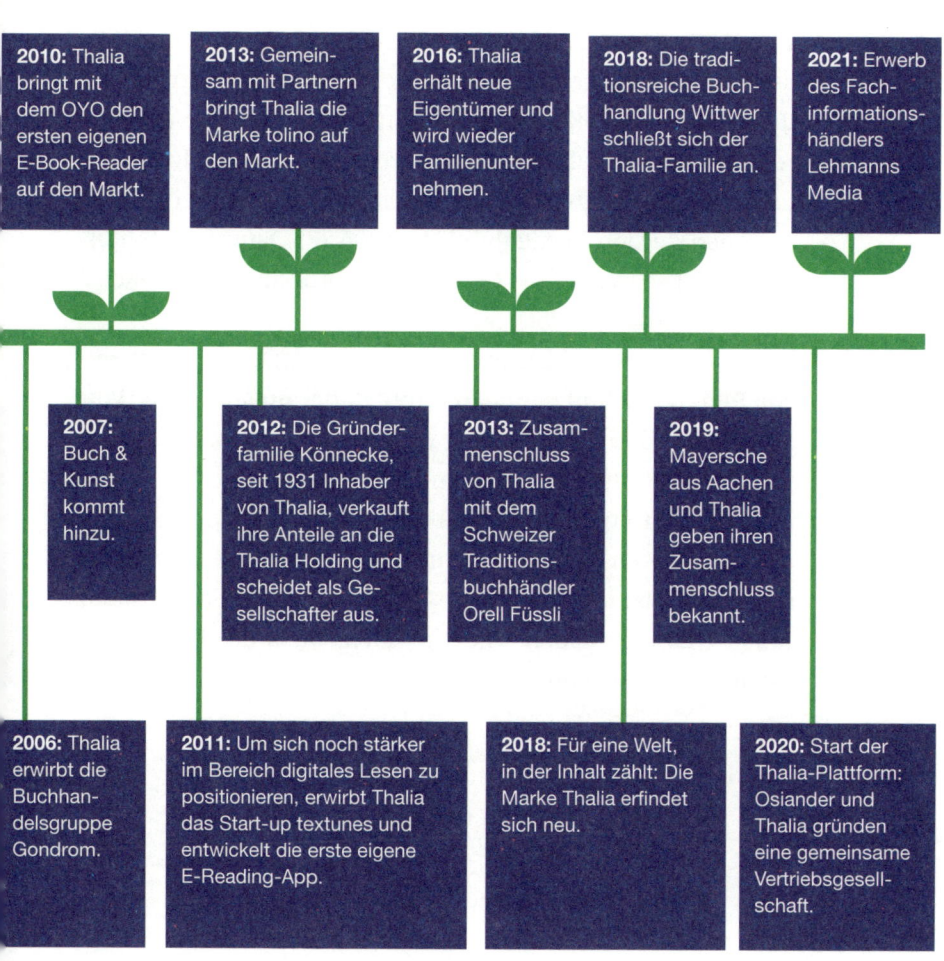

2010: Thalia bringt mit dem OYO den ersten eigenen E-Book-Reader auf den Markt.

2013: Gemeinsam mit Partnern bringt Thalia die Marke tolino auf den Markt.

2016: Thalia erhält neue Eigentümer und wird wieder Familienunternehmen.

2018: Die traditionsreiche Buchhandlung Wittwer schließt sich der Thalia-Familie an.

2021: Erwerb des Fachinformationshändlers Lehmanns Media

2007: Buch & Kunst kommt hinzu.

2012: Die Gründerfamilie Könnecke, seit 1931 Inhaber von Thalia, verkauft ihre Anteile an die Thalia Holding und scheidet als Gesellschafter aus.

2013: Zusammenschluss von Thalia mit dem Schweizer Traditionsbuchhändler Orell Füssli

2019: Mayersche aus Aachen und Thalia geben ihren Zusammenschluss bekannt.

2006: Thalia erwirbt die Buchhandelsgruppe Gondrom.

2011: Um sich noch stärker im Bereich digitales Lesen zu positionieren, erwirbt Thalia das Start-up textunes und entwickelt die erste eigene E-Reading-App.

2018: Für eine Welt, in der Inhalt zählt: Die Marke Thalia erfindet sich neu.

2020: Start der Thalia-Plattform: Osiander und Thalia gründen eine gemeinsame Vertriebsgesellschaft.

Anmerkung zur Quellen- und Literaturlage

Eine kompakte Zusammenfassung der ersten Hälfte der Firmengeschichte bietet die 20-seitige Broschüre „50 Jahre Thalia Buchhandlung 1919–1969", verfasst von Erich Könnecke.[122] Das Material, das er für diese Broschüre verwendete, befindet sich heute im privaten Archiv von Jürgen Könnecke: das Thalia Archiv Könnecke. Es enthält zudem eine umfangreiche, fast bis in die Gegenwart reichende Pressedokumentation über die Thalia Buchhandlung. Zwei spätere Publikationen zu den Firmenjubiläen 1994 (75 Jahre) und 2009 (90 Jahre) schreiben die Geschichte von Thalia für die nächsten vier Jahrzehnte fort.

Für den zweiten Strang der Firmengeschichte liegt die von Benno F. Schnitzler bearbeitete „Montanus-Chronik. Von Montanus Aktuell zu Thalia" von 2010 vor, herausgegeben von Michael Busch und Jürgen Könnecke.[123]

Für die Darstellung wurden neben dem Thalia Archiv Könnecke und den genannten Firmengeschichten unter anderem die Thalia Börsenvereins-Mitgliedsakte im Sächsischen Staatsarchiv in Leipzig und das Adressbuch des Deutschen Buchhandels ausgewertet.

Anmerkungen

1 Hermann Colshorn: 50 Jahre Thalia Buchhandlung in Hamburg. In: Börsenblatt für den Deutschen Buchhandel (Frankfurter Ausgabe) Nr. 64, 12. August 1969, S. 1941 f.

2 Das spricht gegen die knappen Ausführungen zur Thalia Buchhandlung unter der Überschrift „Theater- und Kinobuchhandel" bei Christine Haug: Sonderformen des verbreitenden Buchhandels. In: Geschichte des deutschen Buchhandels im 19. und 20. Jahrhundert. Im Auftrag des Börsenvereins des Deutschen Buchhandels hrsg. von der Historischen Kommission. Bd. 2: Die Weimarer Republik 1918–1933; Teil 2 (hrsg. von Ernst Fischer und Stephan Füssel). Berlin und Boston: De Gruyter 2012, S. 535–552, hier S. 547.

3 Christine Ratka: Das Thalia Theater. „von morgens bis mitternachts". Eine Zeitreise durch Arbeit und Kunst. Hamburg: Dölling und Galitz 2013, S. 31.

4 Es gibt eine sehr kurze Vorgeschichte der Buchhandlungsgründung durch Alfred Schulze: Das Adressbuch des Deutschen Buchhandels (Bd. 82/1920) weist unter den Firmenveränderungen zum 15. August 1919 einen Verkauf von Joh. Bernhard Barkemeyer an Alfred Schulze nach, „der das Geschäft unter der Firma Thalia-Buchhandlung Alfred Schulze weiterführt".

5 Reinhard Wittmann: Geschichte des deutschen Buchhandels. 4., aktualisierte und erweiterte Auflage. München: C. H. Beck 2019, S. 330.

6 Vierte Beilage zu Nr. 331 des „Hamburger Fremdenblatts" (1924); Thalia Archiv Könnecke.

7 Sächsisches Staatsarchiv, 21765 Börsenverein der Deutschen Buchhändler zu Leipzig (I), Nr. F 09204. Die Börsenvereins-Mitgliedsakte der Thalia Buchhandlung umfasst 65 Blätter, darunter Korrespondenz zur schlechten Zahlungsmoral der Buchhandlung vor der Übernahme durch Erich Könnecke.

8 50 Jahre Thalia Buchhandlung 1919 bis 1969, S. 7.

9 „Er begann mit ein paar Ladenhütern. Der Buchhändler Erich Könnecke wird 75". In: Hamburger Abendblatt, 20. Juni 1979.

10 Börsenblatt für den Deutschen Buchhandel (Frankfurter Ausgabe), 19. Juni 1964.

11 Buchreport Juni 1984 zum 80. Geburtstag von Erich Könnecke; Thalia Archiv Könnecke; Börsenblatt für den Deutschen Buchhandel (Frankfurter Ausgabe), 19. Juni 1979.

12 Interview Jürgen Könnecke, 5. Juli 2018; zur heute noch existierenden Firma Dössel & Rademacher siehe www.doessel-rademacher.de/de/info/Ueber-uns. html

13 „Er begann mit ein paar Ladenhütern. Der Buchhändler Erich Könnecke wird 75". In: Hamburger Abendblatt, 20. Juni 1979.

14 Brief an Kunden 1931; Thalia Archiv Könnecke.

15 75 Jahre Thalia Buchhandlung 1919–1994, S. 3.

16 Brief an Kunden 1931; Thalia Archiv Könnecke.

17 Anzeige in der Hamburger Theater-Woche, 21. Januar 1933; Thalia Archiv Könnecke.

18 „Er begann mit ein paar Ladenhütern. Der Buchhändler Erich Könnecke wird 75". In: Hamburger Abendblatt, 20. Juni 1979.

19 50 Jahre Thalia Buchhandlung 1919 bis 1969, S. 4.

20 Anzeige in den Hamburger Nachrichten, 15. Dezember 1935, S. 7, www.theeuropeanlibrary.org/tel4/newspapers/issue/ Hamburger Nachrichten/1935/12/15

21 Reinhard Wittmann: Geschichte des deutschen Buchhandels, S. 361; 90 Jahre Thalia 1919–2009, S. 3.

22 90 Jahre Thalia 1919–2009, S. 5.

23 Börsenblatt, 1. Oktober 1934, zitiert nach Reinhard Wittmann: Geschichte des deutschen Buchhandels, S. 363.

24 90 Jahre Thalia 1919–2009, S. 5.

25 Handschriftliche „Vergleichsübersicht für die Firma Thalia-Buchhandlung Erich Könnecke", Thalia Archiv Könnecke.

26 90 Jahre Thalia 1919–2009, Hamburg 2009, S. 4.

27 50 Jahre Thalia Buchhandlung 1919 bis 1969, S. 5.

28 Brief von Erich Könnecke an das Hamburger Tageblatt, 17. Februar 1938; Thalia Archiv Könnecke.

29 50 Jahre Thalia Buchhandlung 1919 bis 1969, S. 5.

30 Handschriftliche „Vergleichsübersicht für die Firma Thalia-Buchhandlung Erich Könnecke"; Thalia Archiv Könnecke.

31 So Jürgen Könnecke im Interview, 5. Juli 2018.

32 Vgl. Fotos in: 75 Jahre Thalia Buchhandlung 1919–1994, S. 5.

33 Deutscher Reichsanzeiger Nr. 215, 15. September 1939.

34 90 Jahre Thalia 1919–2009, S. 4 und 7.

35 Sächsisches Staatsarchiv, 21765 Börsenverein der Deutschen Buchhändler zu Leipzig (I), Nr. F 09204, Börsenvereins-Mitgliedsakte der Thalia Buchhandlung.

36 50 Jahre Thalia Buchhandlung 1919 bis 1969, S. 5.

37 Martin Krieger: Geschichte Hamburgs. München: C. H. Beck 2006, S. 103.

38 Thalia Archiv Könnecke.

39 Börsenblatt für den Deutschen Buchhandel Nr. 41/42, 28. Februar 1942, S. 1.

40 Schreiben Erich Könneckes vom 7. September 1944, Thalia Archiv Könnecke.

41 50 Jahre Thalia Buchhandlung 1919 bis 1969, S. 5 f.

42 Handschriftliche „Vergleichsübersicht für die Firma Thalia-Buchhandlung Erich Könnecke", Thalia Archiv Könnecke.

43 Hamburger Abendblatt, 17. August 1969.

44 Anzeige von August 1945; Thalia Archiv Könnecke.

45 50 Jahre Thalia Buchhandlung 1919 bis 1969, S. 5 f.; 75 Jahre Thalia Buchhandlung 1919–1994, S. 6.

46 Anzeige März 1946, in: Thalia Archiv Könnecke.

47 50 Jahre Thalia Buchhandlung 1919 bis 1969, S. 6.

48 Mietvertrag vom 24. Oktober 1947; Thalia Archiv Könnecke.

49 50 Jahre Thalia Buchhandlung 1919 bis 1969, S. 6 f.; 90 Jahre Thalia 1919–2009, S. 5.

50 Anzeige; Thalia Archiv Könnecke.

51 50 Jahre Thalia Buchhandlung 1919 bis 1969, S. 6 f.; 90 Jahre Thalia 1919–2009, S. 5.

52 50 Jahre Thalia Buchhandlung 1919 bis 1969, S. 7.

53 Schreiben von Hartfrid Josse, Verlag Wilhelm Langewiesche-Brandt (Ebenhausen bei München), vom 13. September 1949 an Erich Könnecke; Thalia Archiv Könnecke. Zur Aktion und ihrem Hintergrund siehe allgemein Ernst Umlauff: Der Wiederaufbau des Buchhandels. Beiträge zur Geschichte des Büchermarktes in Westdeutschland nach 1945. Frankfurt am Main: Buchhändler-Vereinigung 1978, Sp. 704 ff.

54 Schreiben von Lucas Gräfe an seine Kunden; Thalia Archiv Könnecke.

55 50 Jahre Thalia Buchhandlung 1919 bis 1969, S. 13.

56 Thalia Archiv Könnecke.

57 90 Jahre Thalia 1919–2009, S. 5.

58 50 Jahre Thalia Buchhandlung 1919 bis 1969, S. 7; 75 Jahre Thalia Buchhandlung 1919–1994, S. 8; 90 Jahre Thalia 1919–2009, S. 5.

59 Sigfred Taubert: Wege und Irrwege im Leben von Sigfred Taubert. Teil 3. Maintal-Hochstadt 1984 (Privatdruck), S. 164. Taubert erwähnt hier „große Verdienste", die sich Jürgen Könnecke in diesem Zusammenhang erworben habe.

60 Interview Jürgen Könnecke, 5. Juli 2018.

61 Interview Jürgen Könnecke, 5. Juli 2018.

62 75 Jahre Thalia Buchhandlung 1919–1994, S. 8 f.

63 Zitiert in: 90 Jahre Thalia 1919–2009, S. 5; handschriftliche „Vergleichsübersicht für die Firma Thalia Buchhandlung Erich Könnecke"; Thalia Archiv Könnecke.

64 50 Jahre Thalia Buchhandlung 1919 bis 1969, S. 12.

65 Interview Jürgen Könnecke, 5. Juli 2018.

66 50 Jahre Thalia Buchhandlung 1919 bis 1969, S. 10 ff.

67 Hermann Colshorn: 50 Jahre Thalia-Buchhandlung in Hamburg, S. 1941 f.

68 Handschriftliche Übersicht „Vergleichsübersicht für die Firma Thalia-Buchhandlung Erich Könnecke", Thalia-Archiv Könnecke.

69 Zitiert in: 90 Jahre Thalia 1919–2009, S. 6.

70 Siehe www.bwd9.de/ueber_uns

71 90 Jahre Thalia 1919–2009, S. 7; 75 Jahre Thalia Buchhandlung 1919–1994, S.11 f.

72 90 Jahre Thalia 1919–2009, S. 7.

73 Zeitungsartikel zur Eröffnung, u. a. Hamburger Abendblatt, 22. Februar 1984.

74 90 Jahre Thalia 1919–2009, S. 7.

75 Zeitungsbericht; Thalia Archiv Könnecke; vgl. Buchreport Nr. 26, 1. Juli 1993.

76 Handschriftliche Übersicht: „Thalia Gruppe"; Thalia Archiv Könnecke.

77 Boris Langendorf: Mit ruhigem Kalkül die Stellung festigen. Erst seit drei Jahren ist die Thalia-Gruppe außerhalb Hamburgs vertreten, aber schon ist ein norddeutsches Schwerpunkt-Konzept erkennbar, das ein nachhaltiges Wachstum auch bei scharfem Wettbewerb sichern soll. In: buchreport.magazin, November 2000.

78 Siehe www.ece.de/geschichte/1993-2000:-expansion-in-den-neuen-bundeslaendern-und-berlin/

79 Interview mit Heinrich Riethmüller, 10. August 2018.

80 Gespräch mit Michael Busch, 22. November 2018.

81 Interview mit Jörn und Henning Kreke, 11. Juli 2018.

82 Benno F. Schnitzler: Die Montanus-Chronik. Von Montanus Aktuell zu Thalia, S. 40.

83 Interview mit Jörn und Henning Kreke, 11. Juli 2018.

84 Heidi Dürr: Montanus aktuell. Bücher und Bonbons. In: DIE ZEIT Nr. 27/1979, 29. Juni 1979.

85 Benno F. Schnitzler: Die Montanus-Chronik. Von Montanus Aktuell zu Thalia.

86 Benno F. Schnitzler: Die Montanus-Chronik. Von Montanus Aktuell zu Thalia, S. 41.

87 Benno F. Schnitzler: Die Montanus-Chronik. Von Montanus Aktuell zu Thalia, S. 96 f. Danach auch die folgenden Angaben.

88 Gespräch mit Michael Busch, 22. November 2018.

89 Gespräch mit Michael Busch, 22. November 2018.

90 Gespräch mit Michael Busch, 22. November 2018.

91 Interview des Geschichtsbüro Reder, Roeseling & Prüfer mit Jörn und Henning Kreke, 11. Juli 2018, und Börsenblatt-Interview vom 2. Mai 2001.

92 Ebd.

93 Interview mit Lutz Gehrken.

94 Orell Füssli und Thalia führen Buchhandelsgeschäft in der Schweiz zusammen; 7. März 2013, www.buchmarkt.de/archiv/orell-fussli-und-thalia-fuhren-buchhandelsgeschaft-in-der-schweiz-zusammen/

95 W. Jäggi: Art. Jäggi AG, W. In: Lexikon des gesamten Buchwesens, 2. Auflage, siehe https://referenceworks.brillonline.com/entries/lexikon-des-gesamten-buchwesens-online/jaggi-ag-w-COM_100020?s.num=27&s.start=20

96 Ebd.

97 https://www.bzbasel.ch/basel/basel-stadt/christian-jaeggi-es-waere-schoen-wenn-die-leute-wieder-mehr-lesen-wuerden-133726342

98 W. Jäggi: Art. Jäggi AG, W. In: Lexikon des gesamten Buchwesens, 2. Auflage, siehe https://referenceworks.brillonline.com/entries/lexikon-des-gesamten-buchwesens-online/jaggi-ag-w-COM_100020?s.num=27&s.start=20

99 https://www.bernerzeitung.ch/region/bern/die-neuengasse-wird-zur-partymeile/story/13675083

100 Rainer Moritz, Reto Guntli und Agi Simões: Die schönsten Buchhandlungen Europas. Hildesheim: Gerstenberg 2010, S. 94–103

101 Börsenblatt 22.11.1991

102 Interview mit Lutz Gehrken am 7. Juli 2018.

103 Heinrich Riethmüller: Paradigmenwechsel im Sortimentsbuchhandel. In: Archiv für Geschichte des Buchwesens 73 (2018) S. 147–152.

104 https://de.wikipedia.org/wiki/Amazon_Kindle#Kindle_(1._Generation)

105 Hamburger Abendblatt, 16. März 2012.

106 Buchreport.express, 22. März 2012.

107 Ebd.

108 Ebd.; Interview Jürgen Könnecke, 5. Juli 2018.

109 Interview mit Michael Tamblyn.

110 www.boersenblatt.net/artikel-neuer_mehrheitsgesellschafter.1225127.html

111 www.boersenblatt.net/artikel-manuel_herder_zum_einstieg_bei_thalia.1225313.html

112 www.boersenblatt.net/artikel-neuer_mehrheitsgesellschafter.1225127.html

113 www.adventinternational.com/de/eigentumerkonsortium-um-verlegerfamilie-her-der-ubernimmt-die-mehrheitsbeteiligung-an-thalia-von-advent-international-3; www.buchmarkt.de/meldungen/buchhandel/damit-hat-keiner-gerechnet-herder-ubernimmt-thalia-michael-busch-kunftig-miteigentumer-herder-buchhandlungen-wieder-zuhause/

114 www.boersenblatt.net/artikel-interview_mit_thalia-chef_michael_busch.1387822.html

115 www.onlinehaendler-news.de/handel/allgemein/30087-thalia-umsatz-anstieg-online-geschaeft-fokus-multichannel.html

116 www.boersenblatt.net/artikel-neuer_mehrheitsgesellschafter.1225127.html

117 www.boersenblatt.net/artikel-michael_busch_im_interview_ueber_thalia.1225320.html

118 Interview von Torsten Casimir mit Manuel Herder, 1. März 2018; www.boersenblatt.net/artikel-interview_mit_verleger_manuel_herder.1436595.html

119 https://www.boersenblatt.net/2019-01-11-artikel-_ich_bin_schon_seit_mehr_als_20_jahren_an_der_mayerschen_interessiert_-interview_mit_hartmut_falter_und_michael_busch.1582127.html

120 https://www.faz.net/aktuell/feuilleton/buecher/themen/die-buchhaendler-thalia-und-mayersche-fusionieren-15982215.html

121 https://www.boersenblatt.net/2019-01-11-artikel-_ich_bin_schon_seit_mehr_als_20_jahren_an_der_mayerschen_interessiert_-interview_mit_hartmut_falter_und_michael_busch.1582127.html

122 50 Jahre Thalia Buchhandlung 1919–1969. Rückblick auf 50 Jahre 15. August 1919 bis 15. August 1969. Aufgezeichnet von Erich Könnecke. Hamburg 1969.

123 Benno F. Schnitzler: Die Montanus-Chronik. Von Montanus Aktuell zu Thalia 1969–2002. Hrsg. von Jürgen Könnecke und Michael Busch. Unter Mitarbeit von Horst-Georg Kutzleb. Hamburg 2010.

Impressum

© Verlag Herder GmbH, Freiburg im Breisgau 2022
Alle Rechte vorbehalten
www.herder.de

Das unbezeichnete und/oder historische Bildmaterial
wurde uns vom Könnecke Archiv, Hamburg, zur Nutzung in dieser Publikation zur Verfügung gestellt oder
ist Eigentum der Thalia Bücher GmbH.

Projektleitung:
Claudia Bachhausen-Dewart,
Leiterin Unternehmenskommunikation Thalia, Hagen

Rohfassung und Recherchen:
Geschichtsbüro Reder, Roeseling & Prüfer, Köln

Redaktionelle Bearbeitung:
Dr. Björn Biester, Historische Kommission
des Börsenvereins des Deutschen Buchhandels,
Frankfurt am Main; Dr. Sabine Schmidt, Düsseldorf

Satz: wunderlichundweigand
Herstellung: PB Tisk, Příbram
Printed in Czech Republic

ISBN: 978-3-451-38742-5